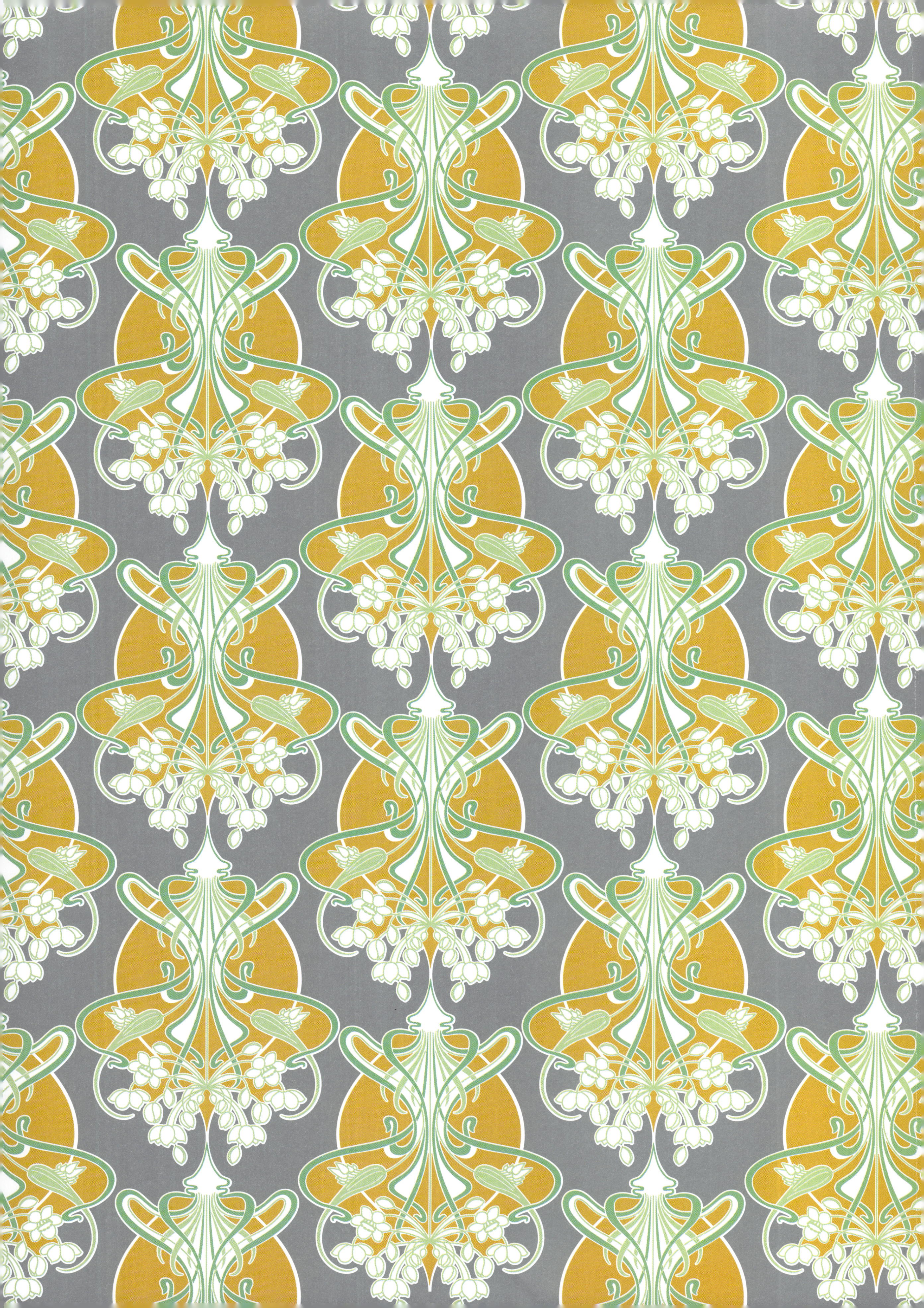

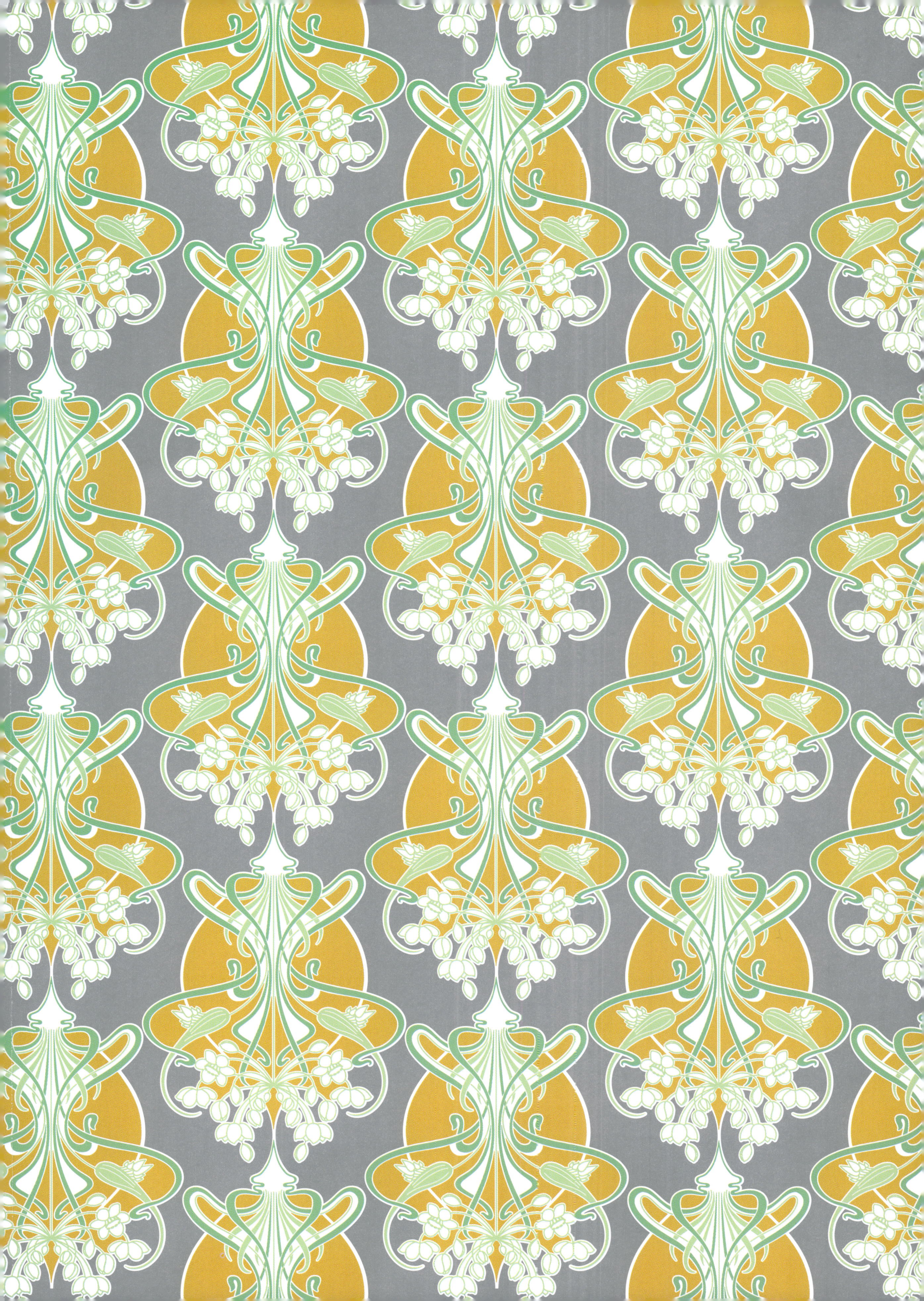

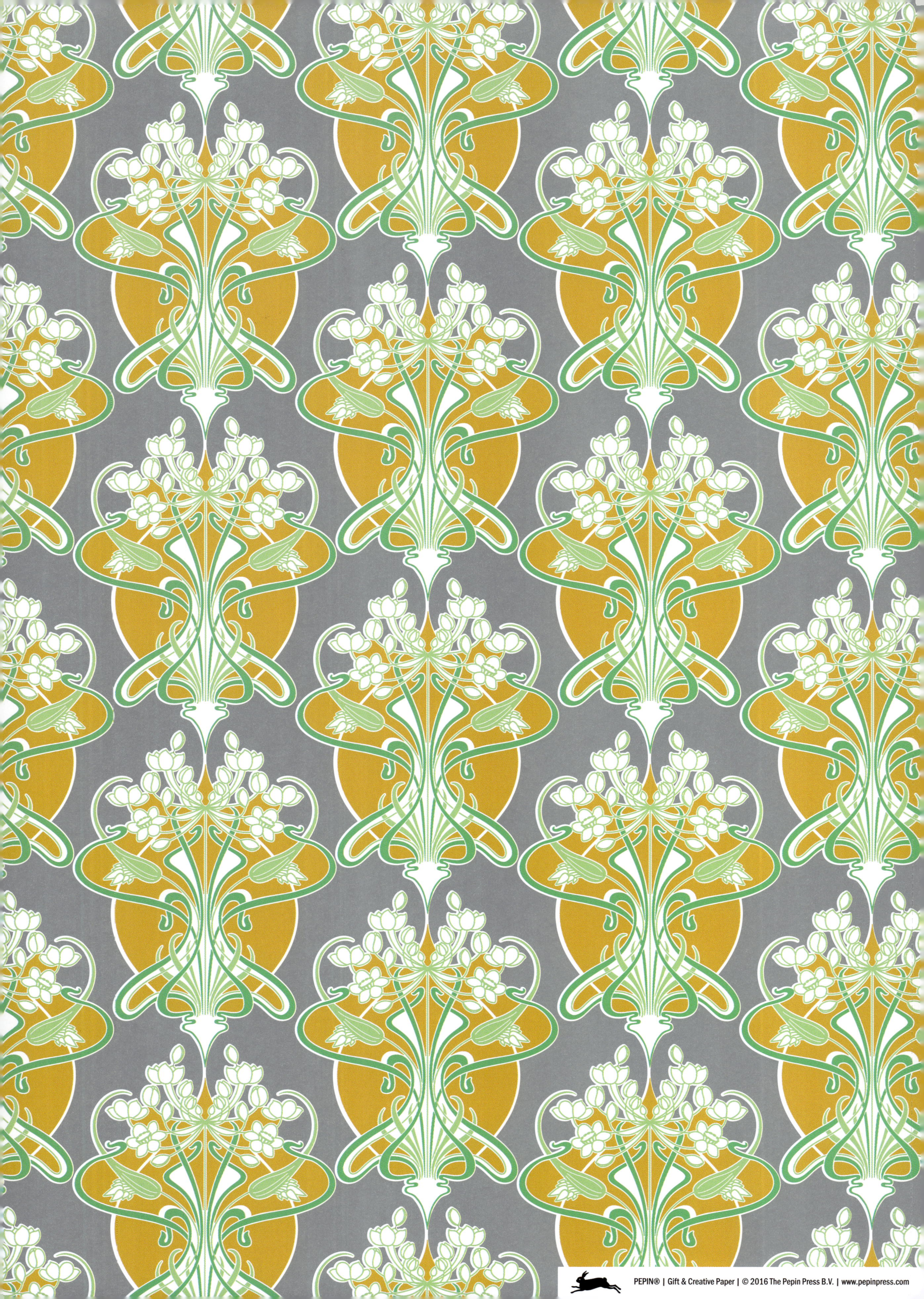

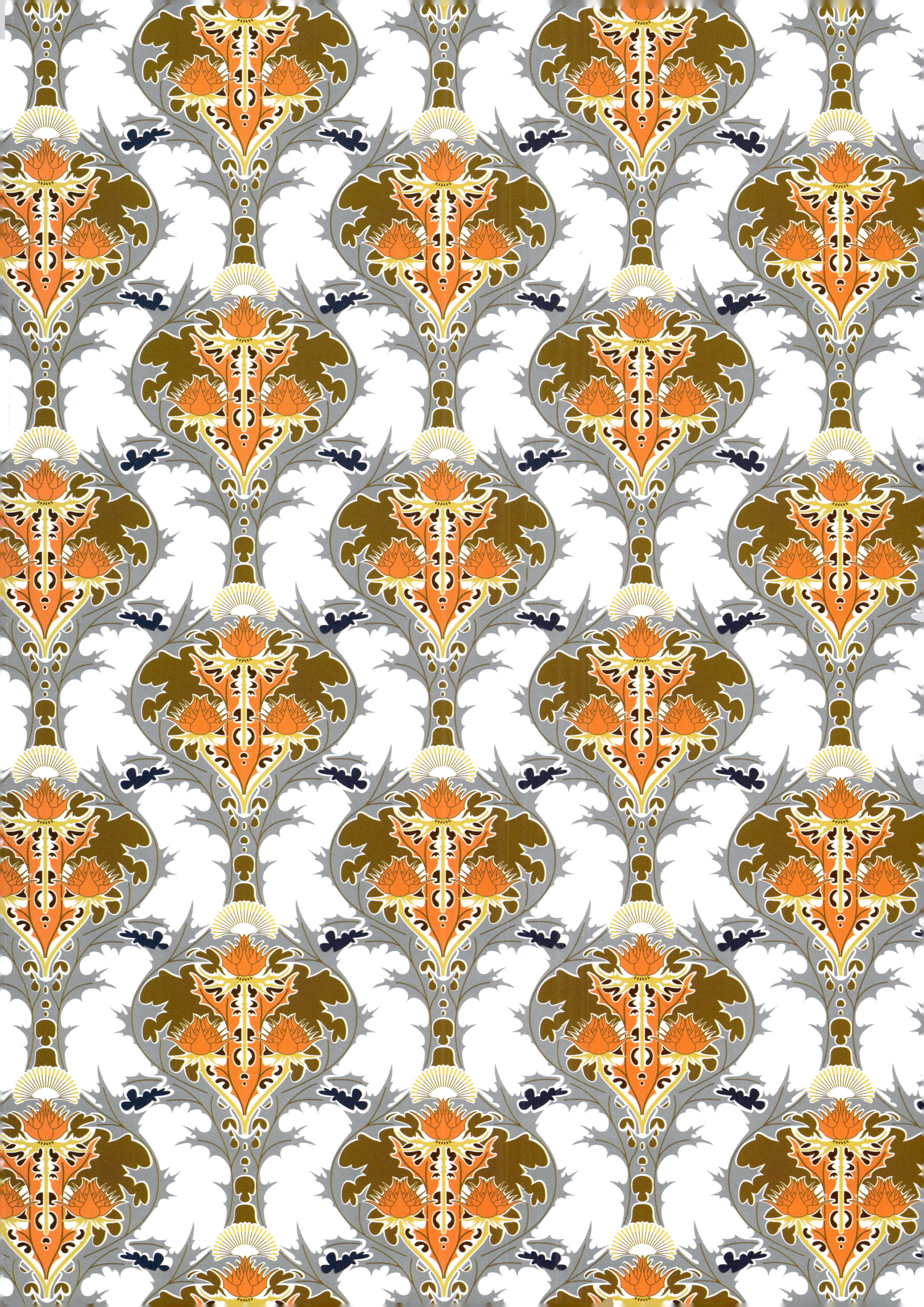

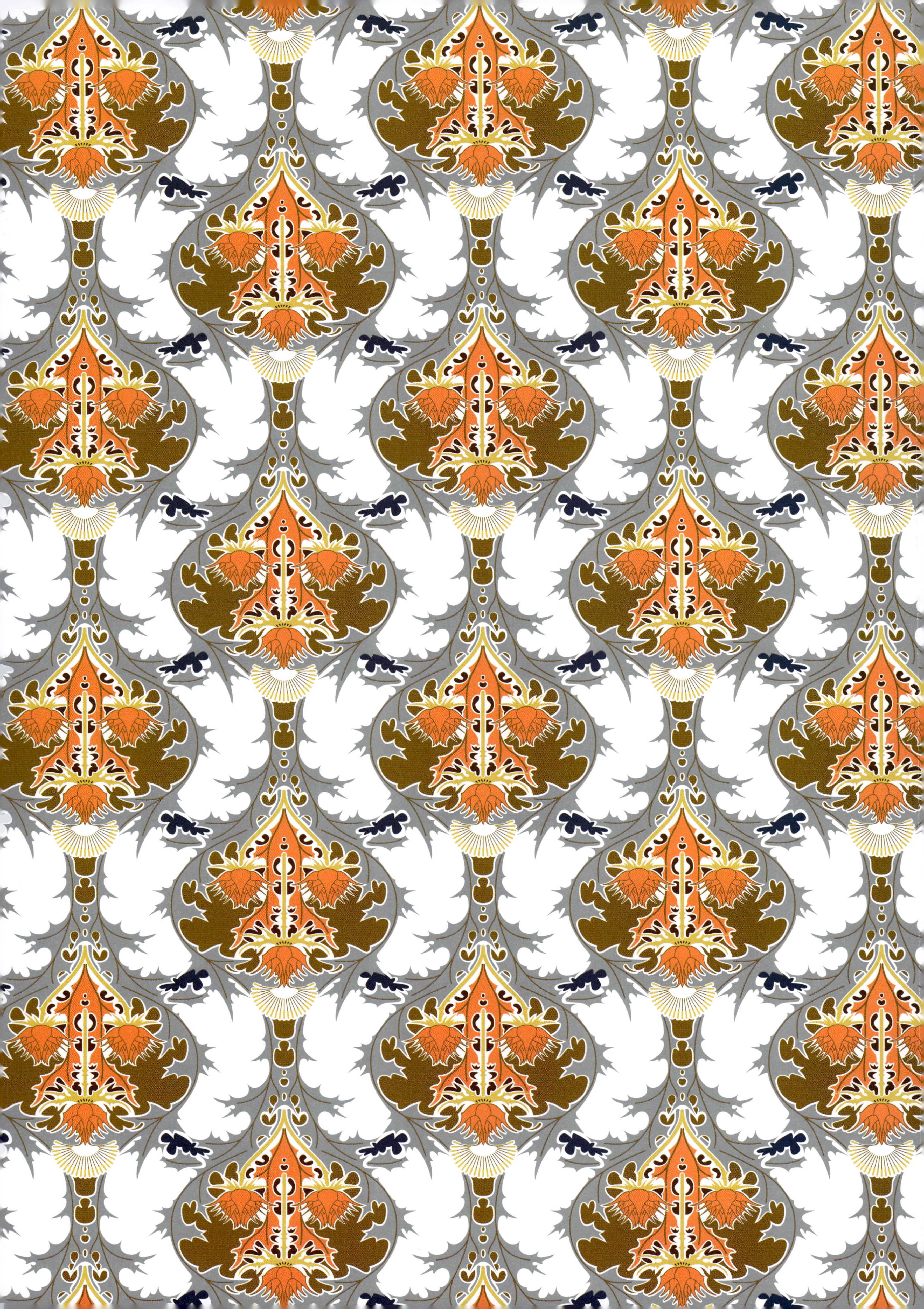

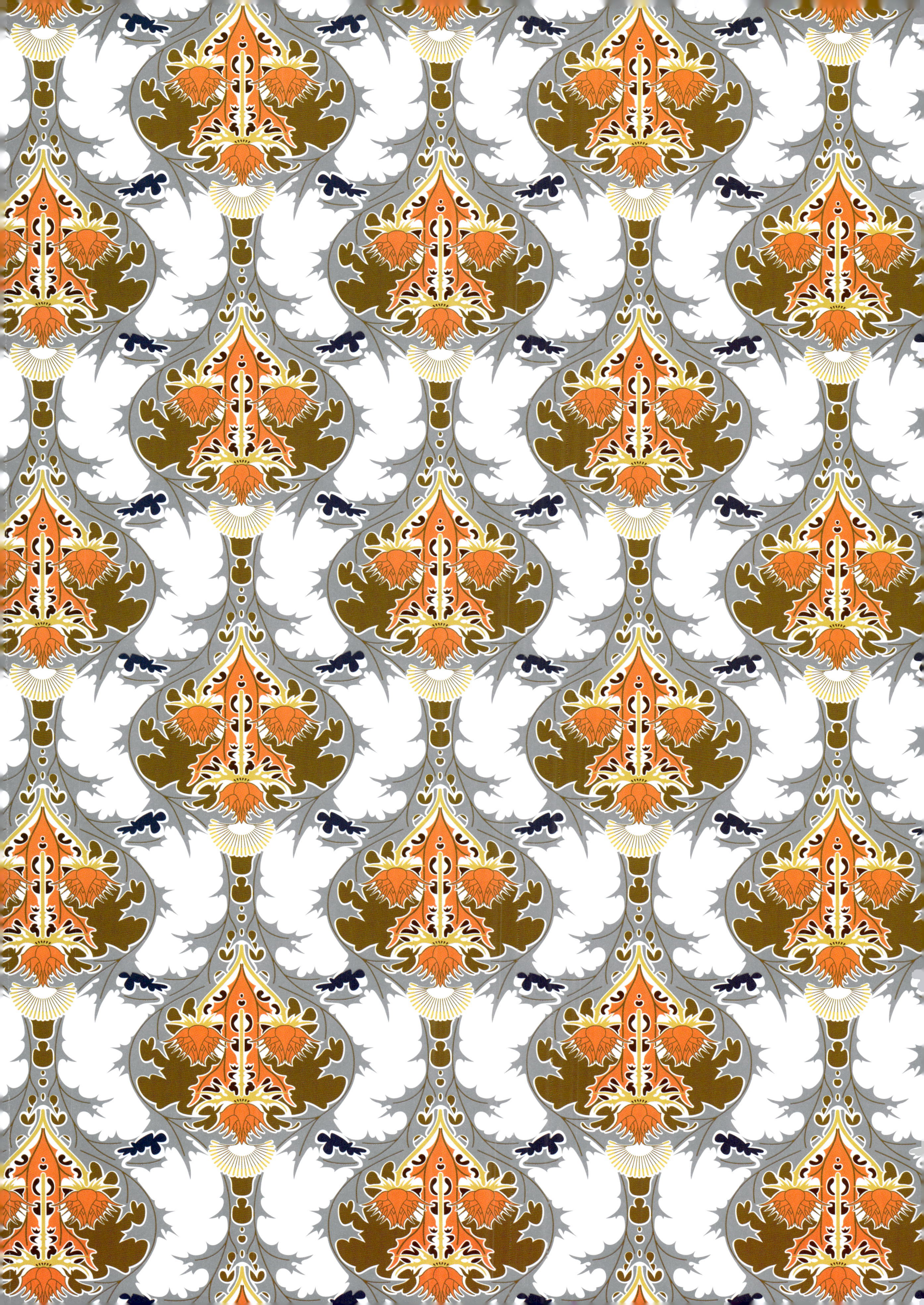

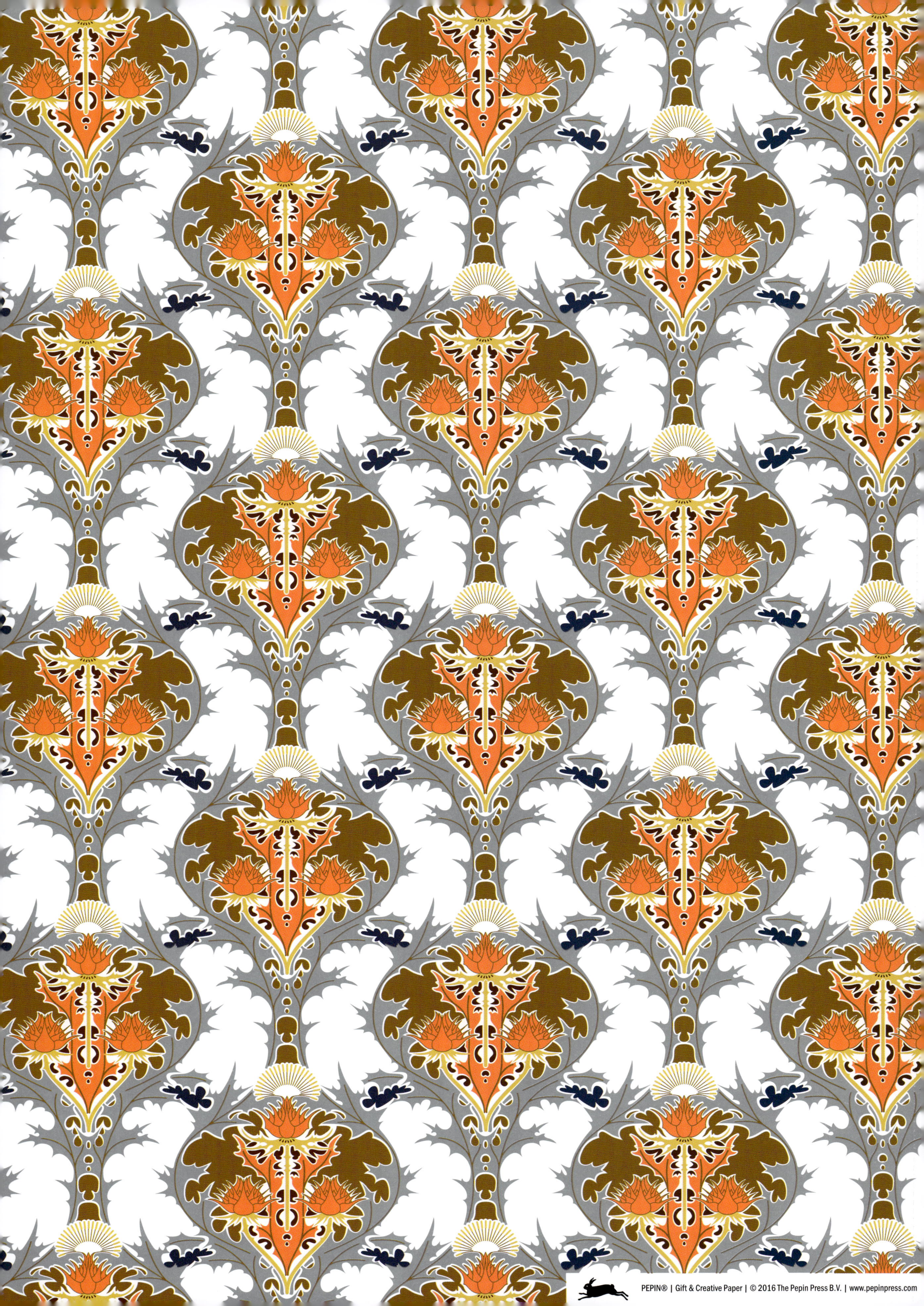

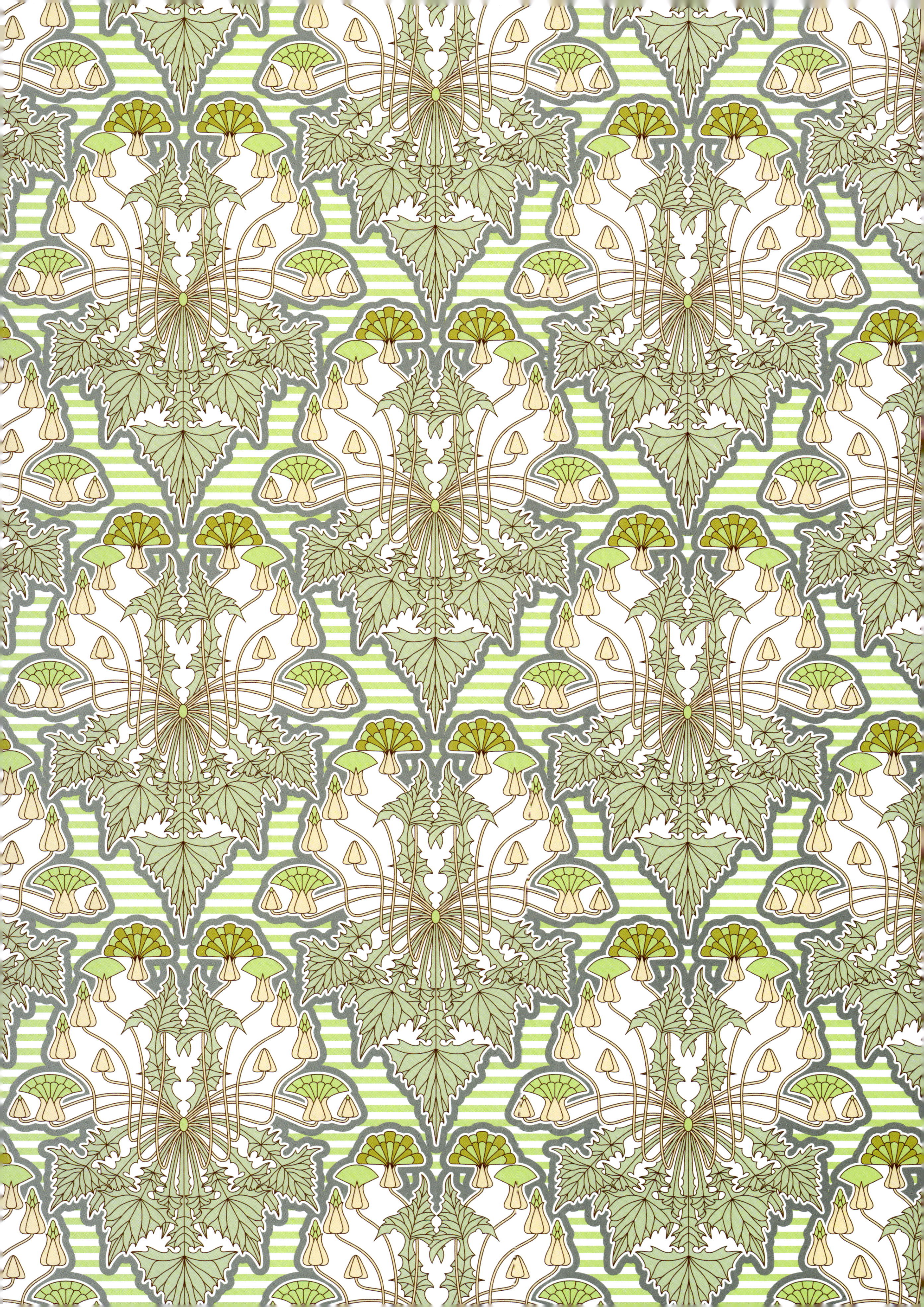

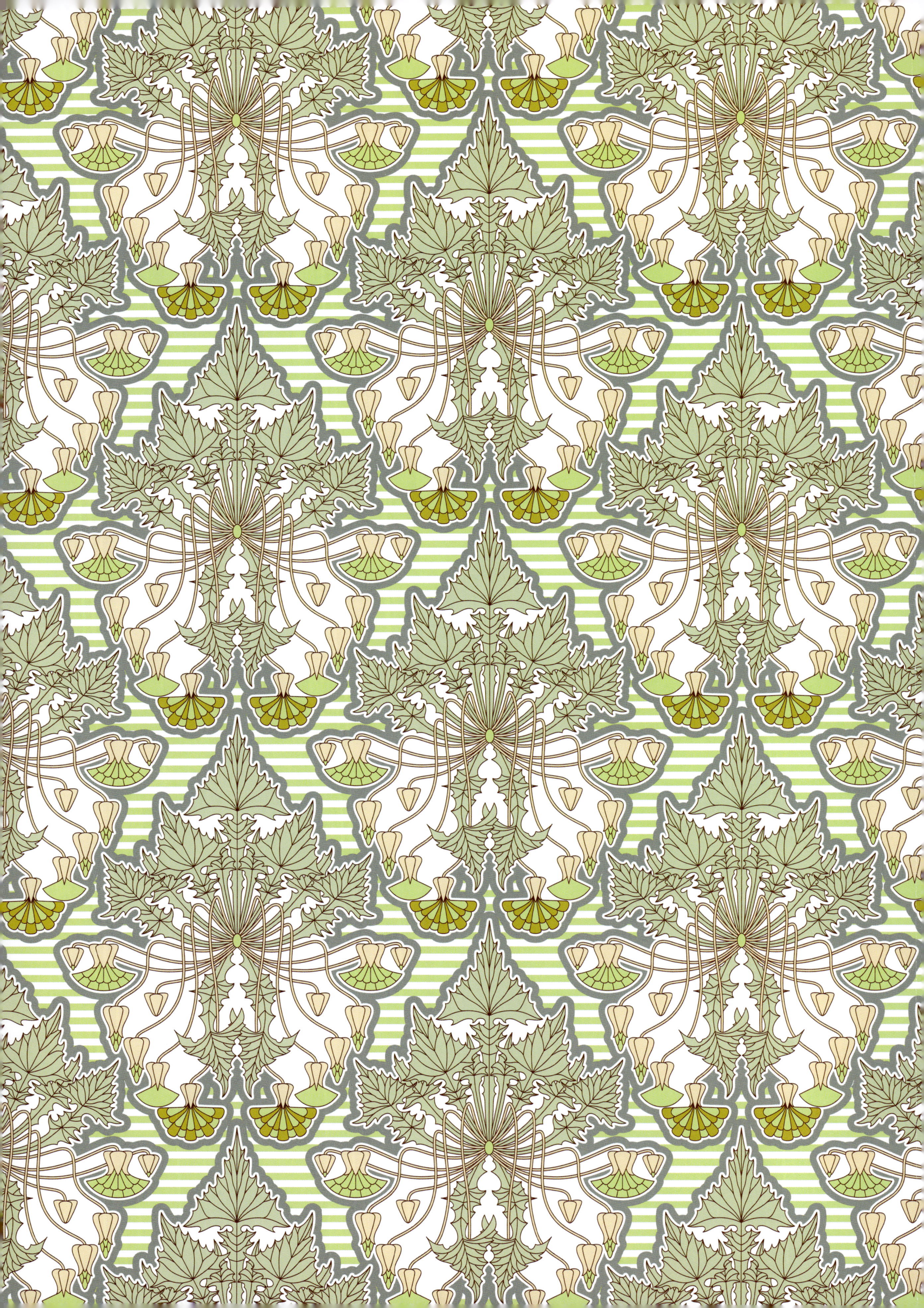

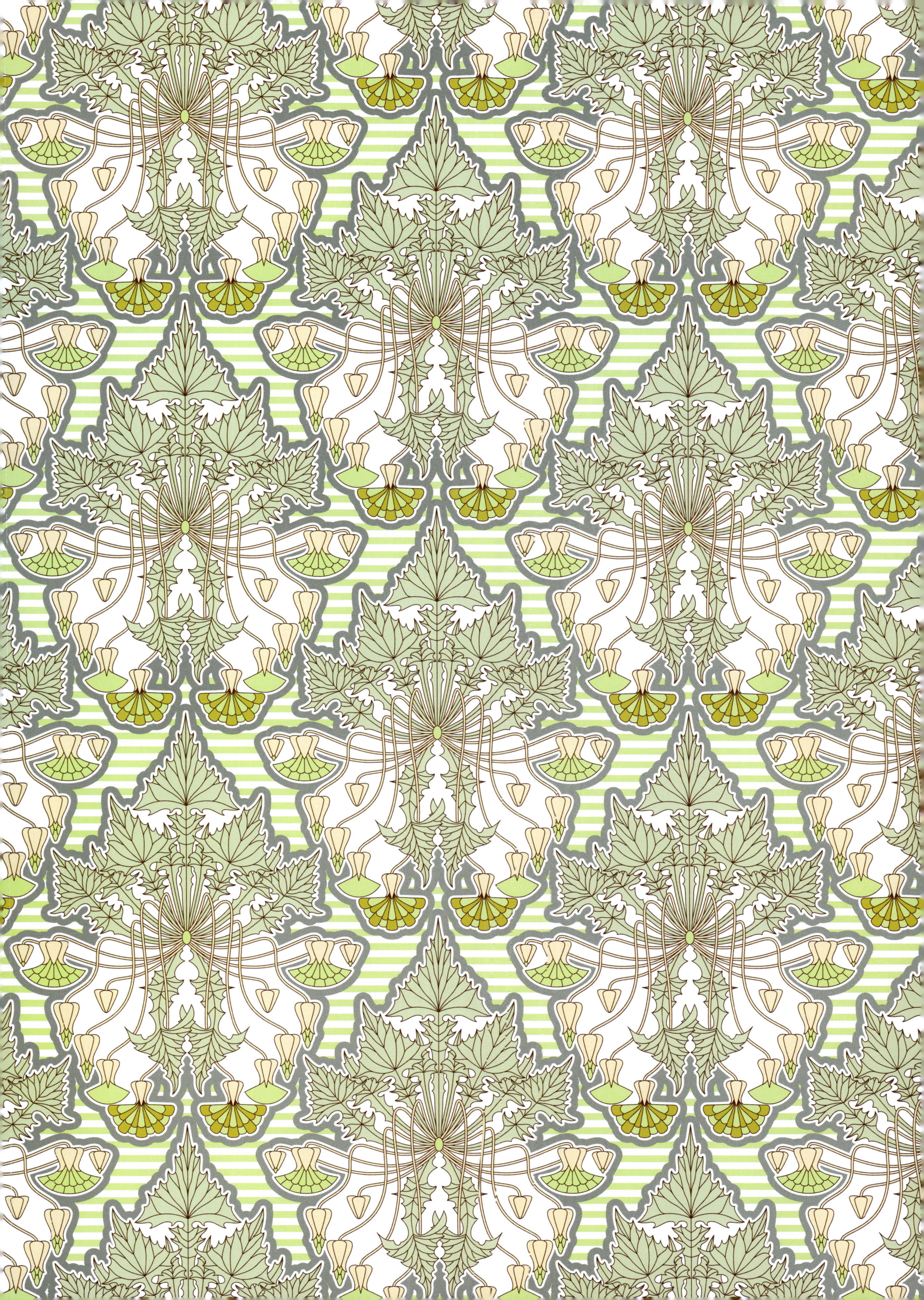

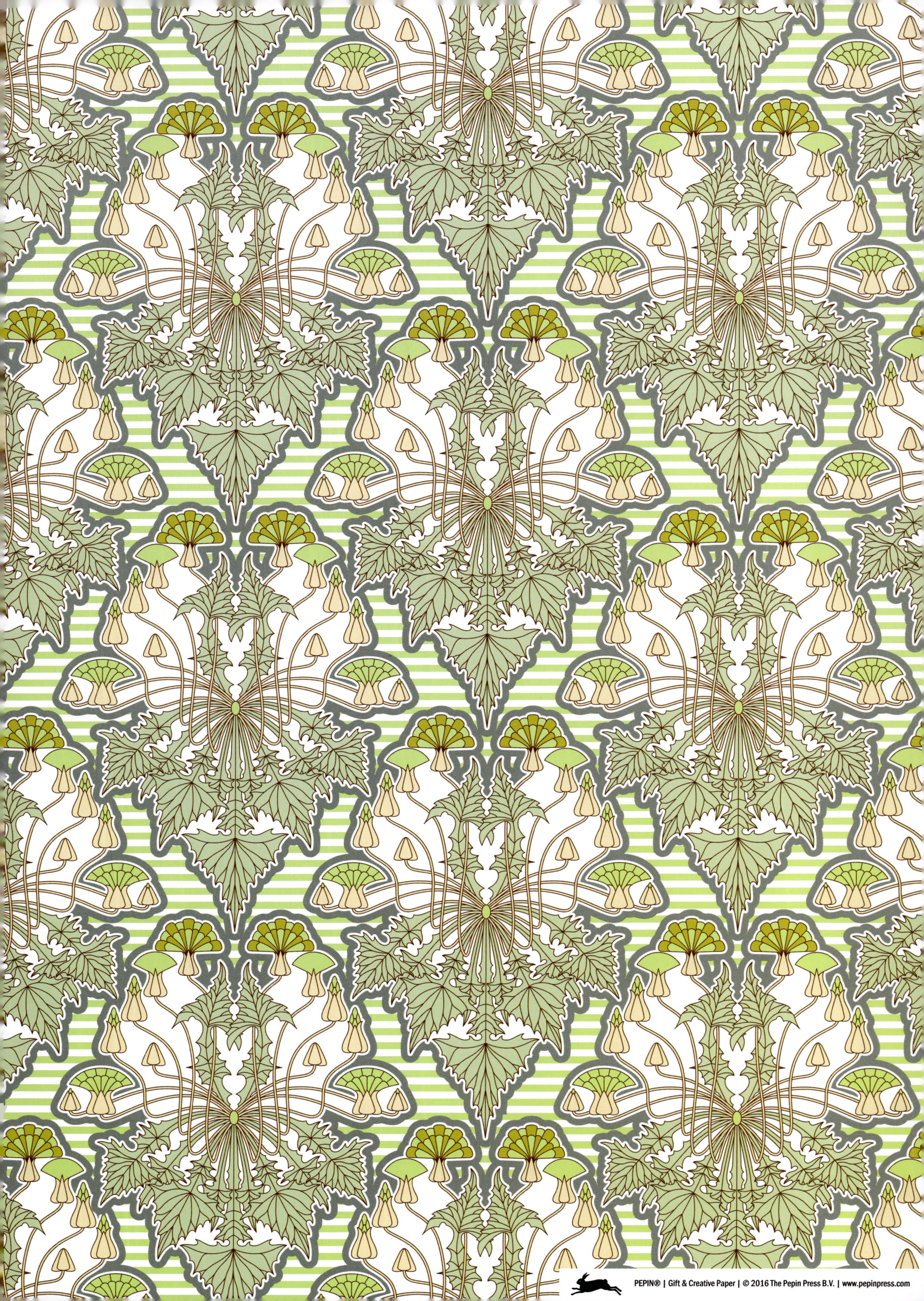

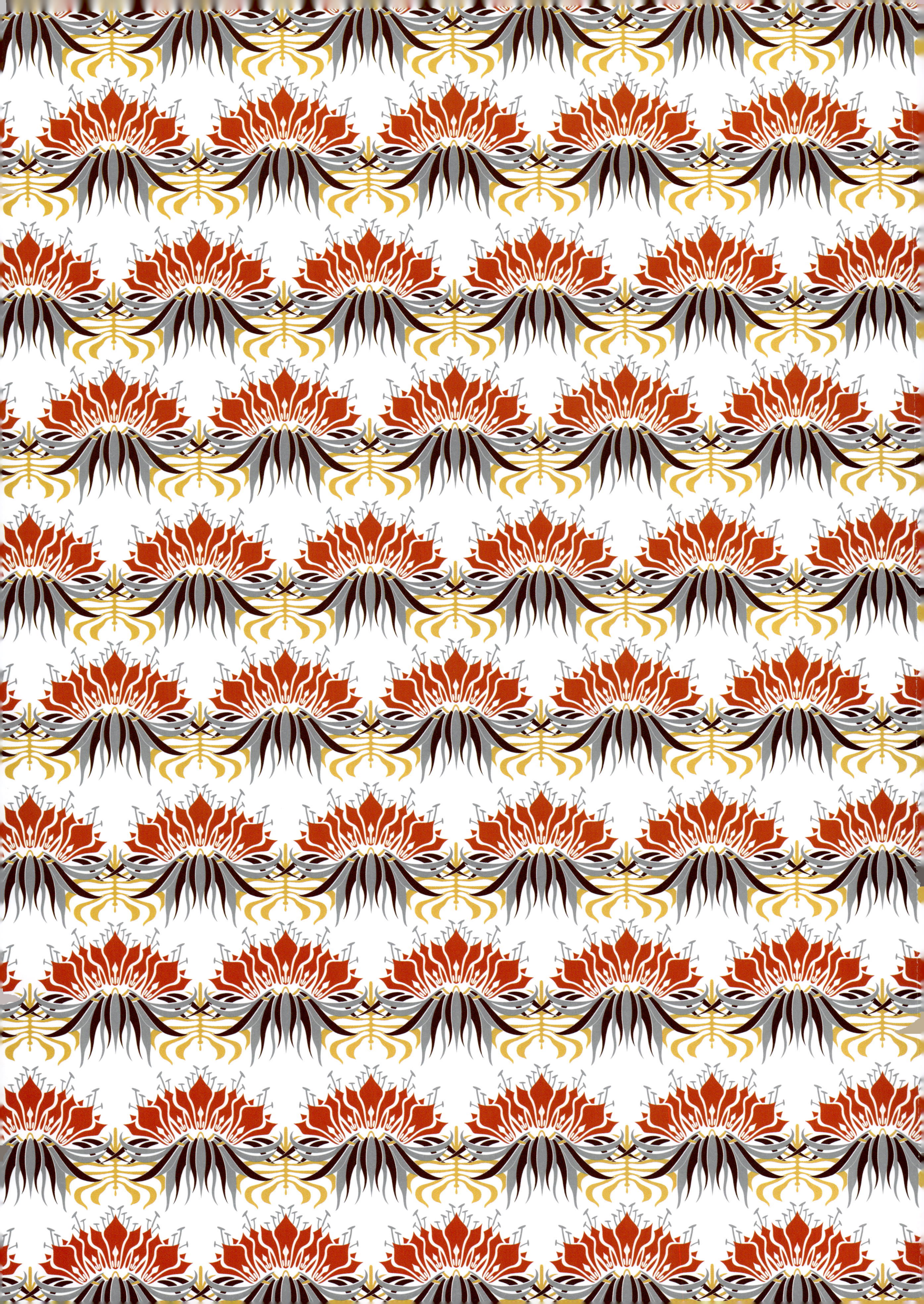

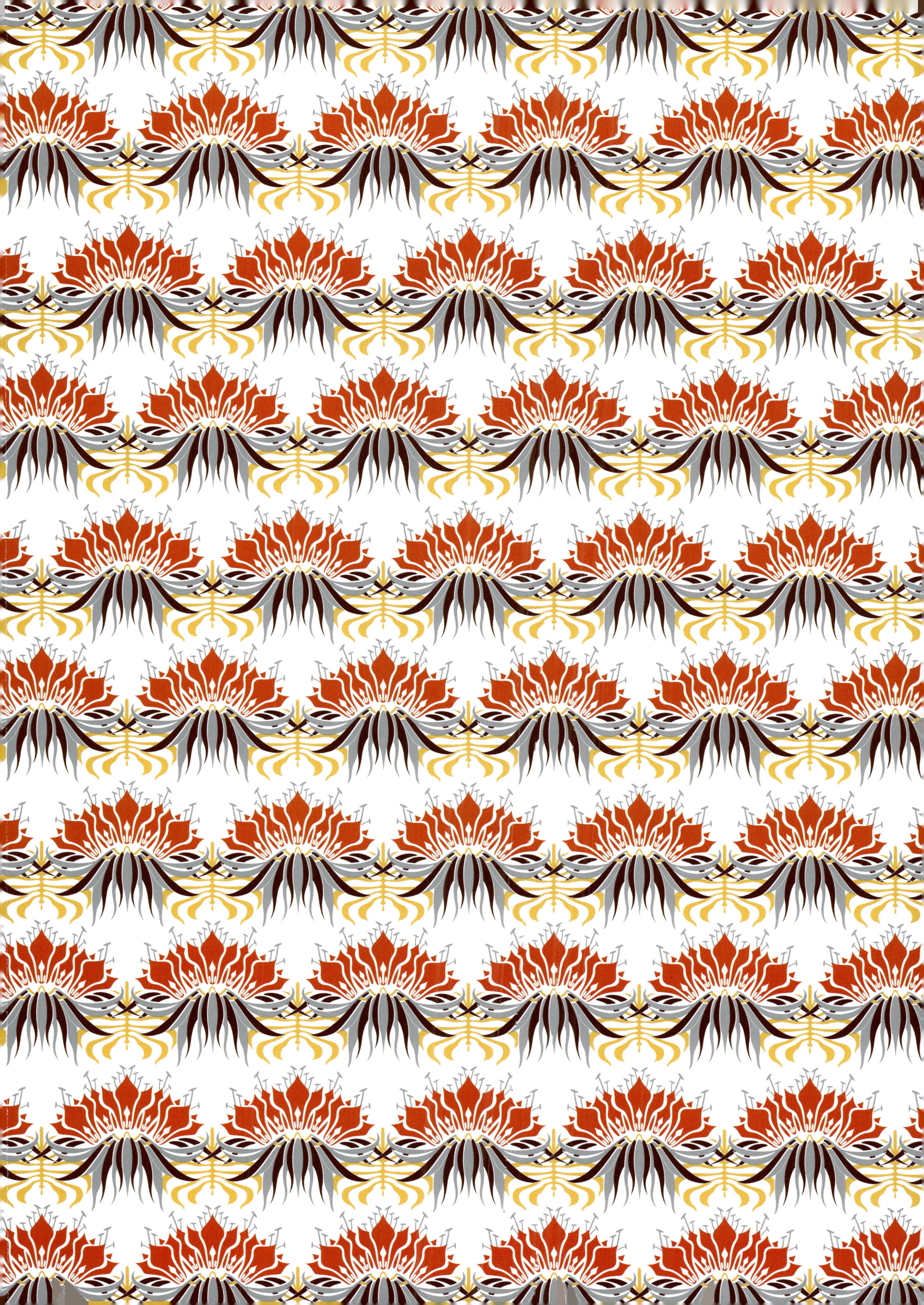

PEPIN® | Gift & Creative Paper | © 2016 The Pepin Press B.V. | www.pepinpress.com

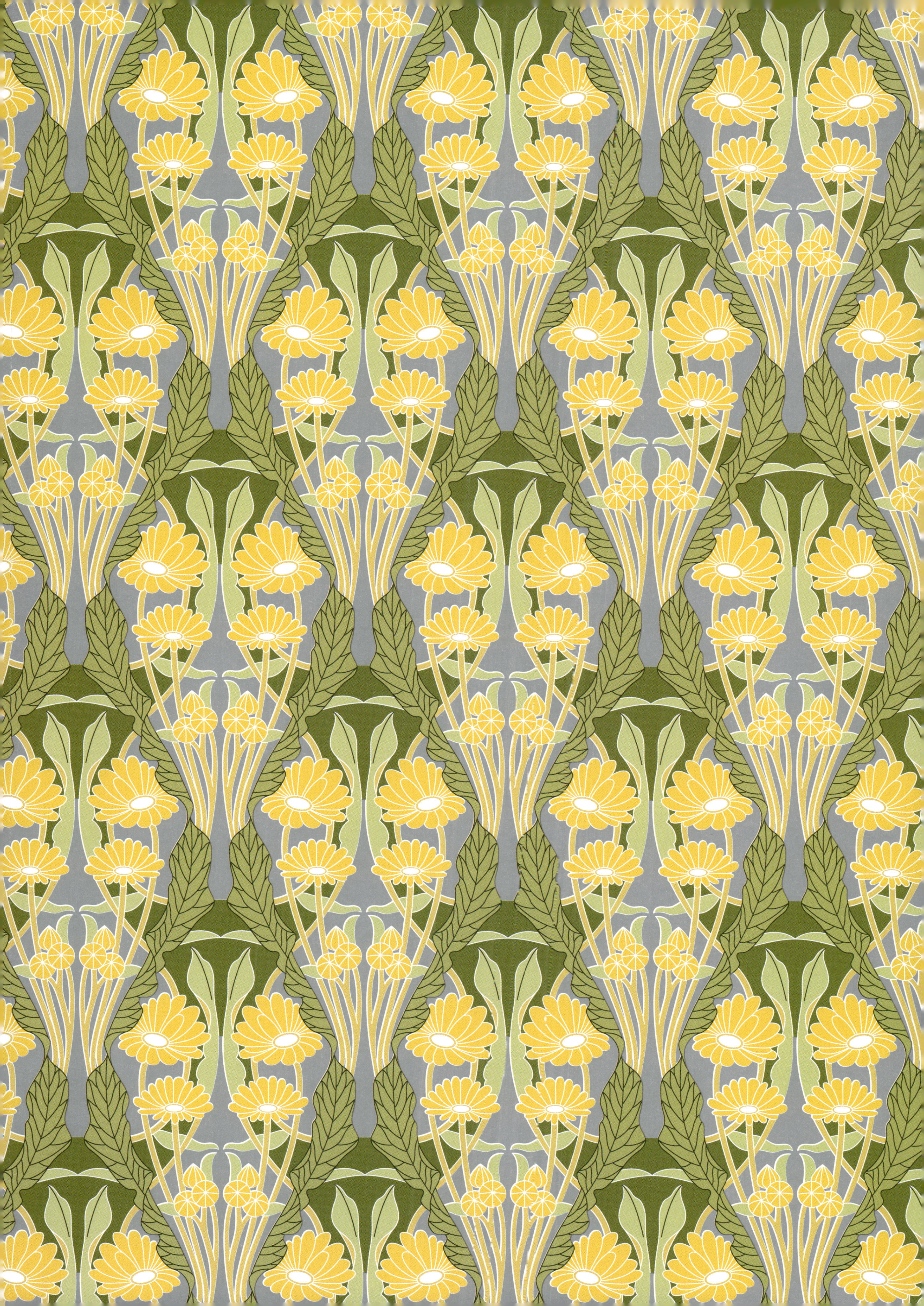

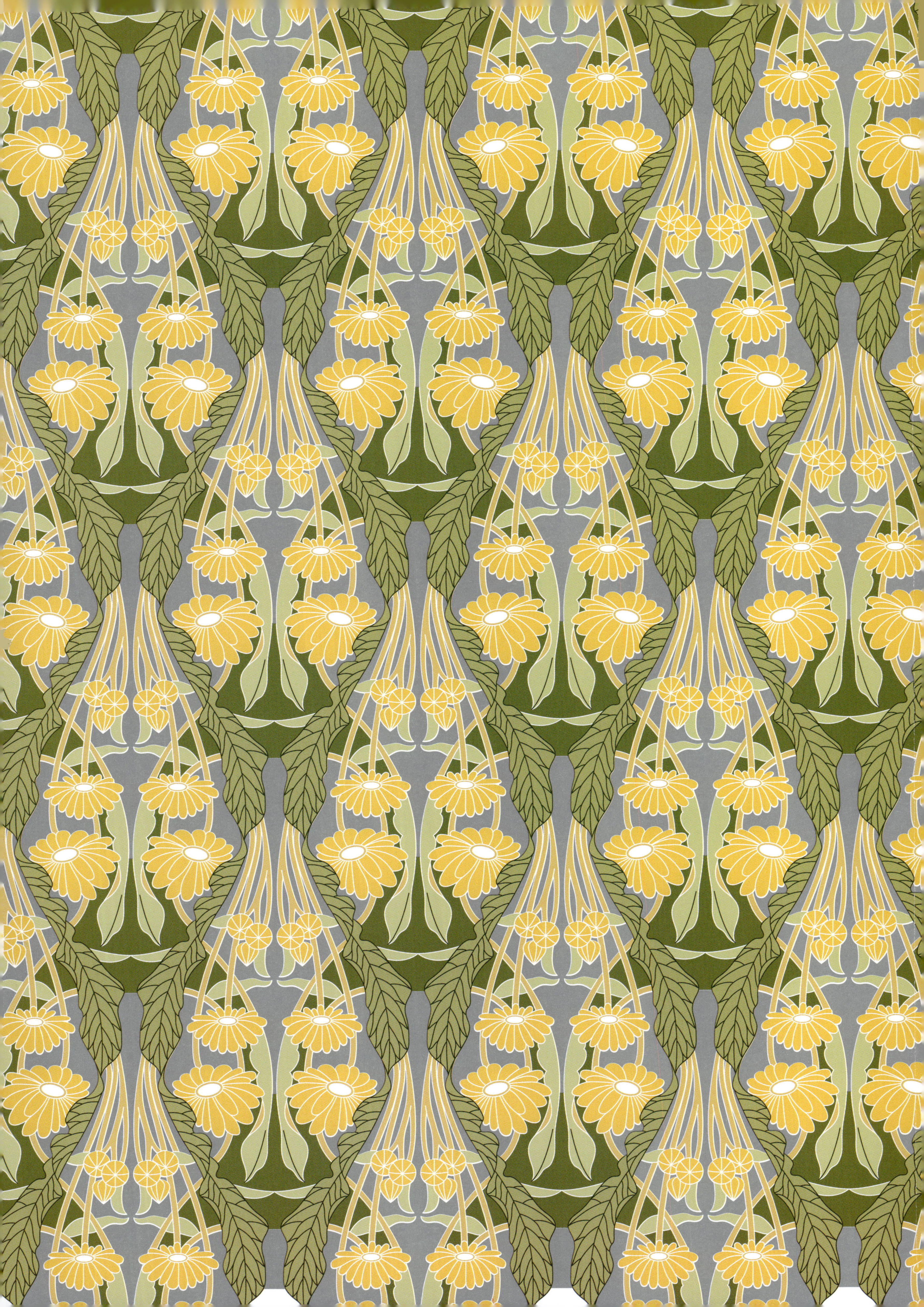

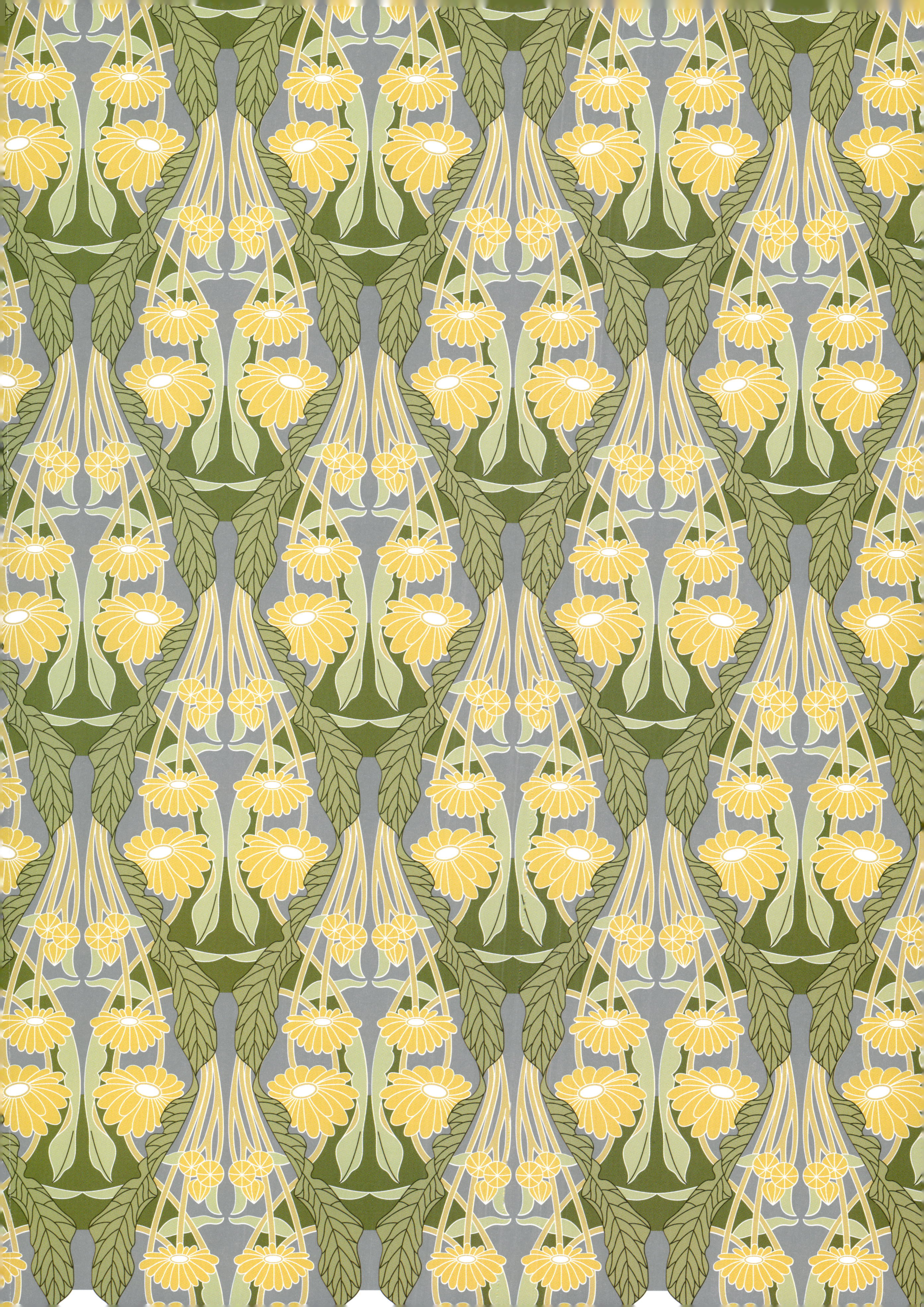

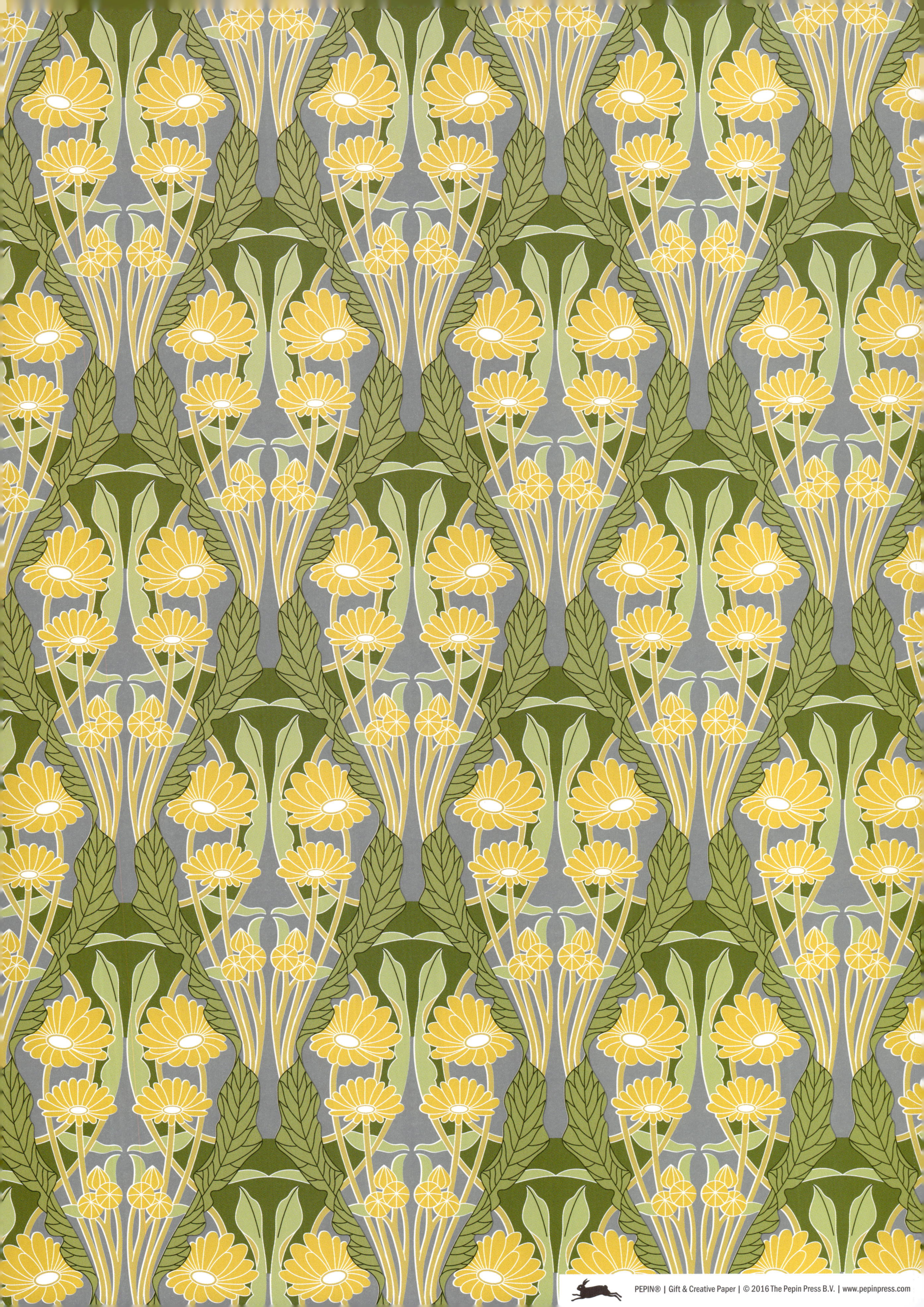

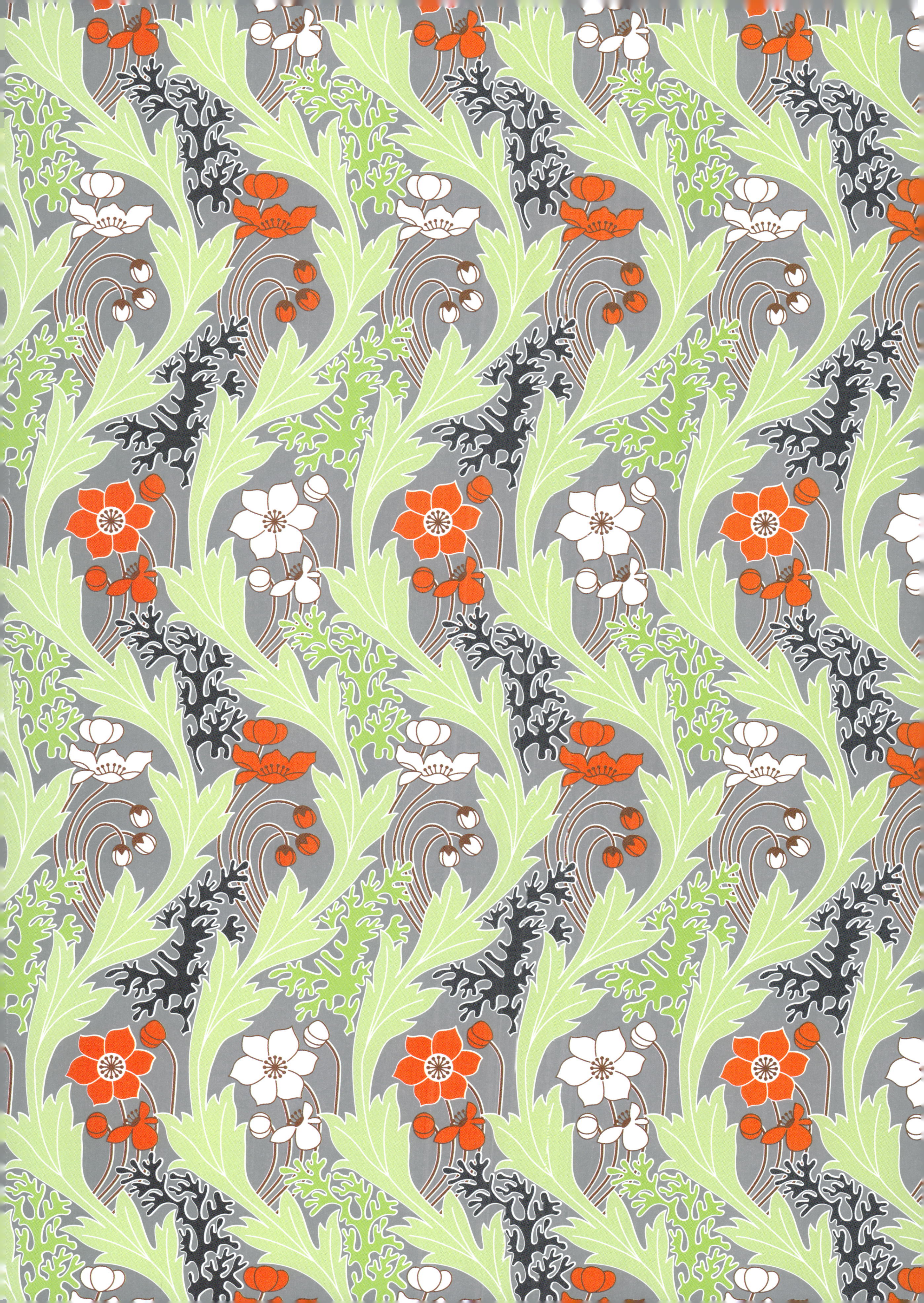

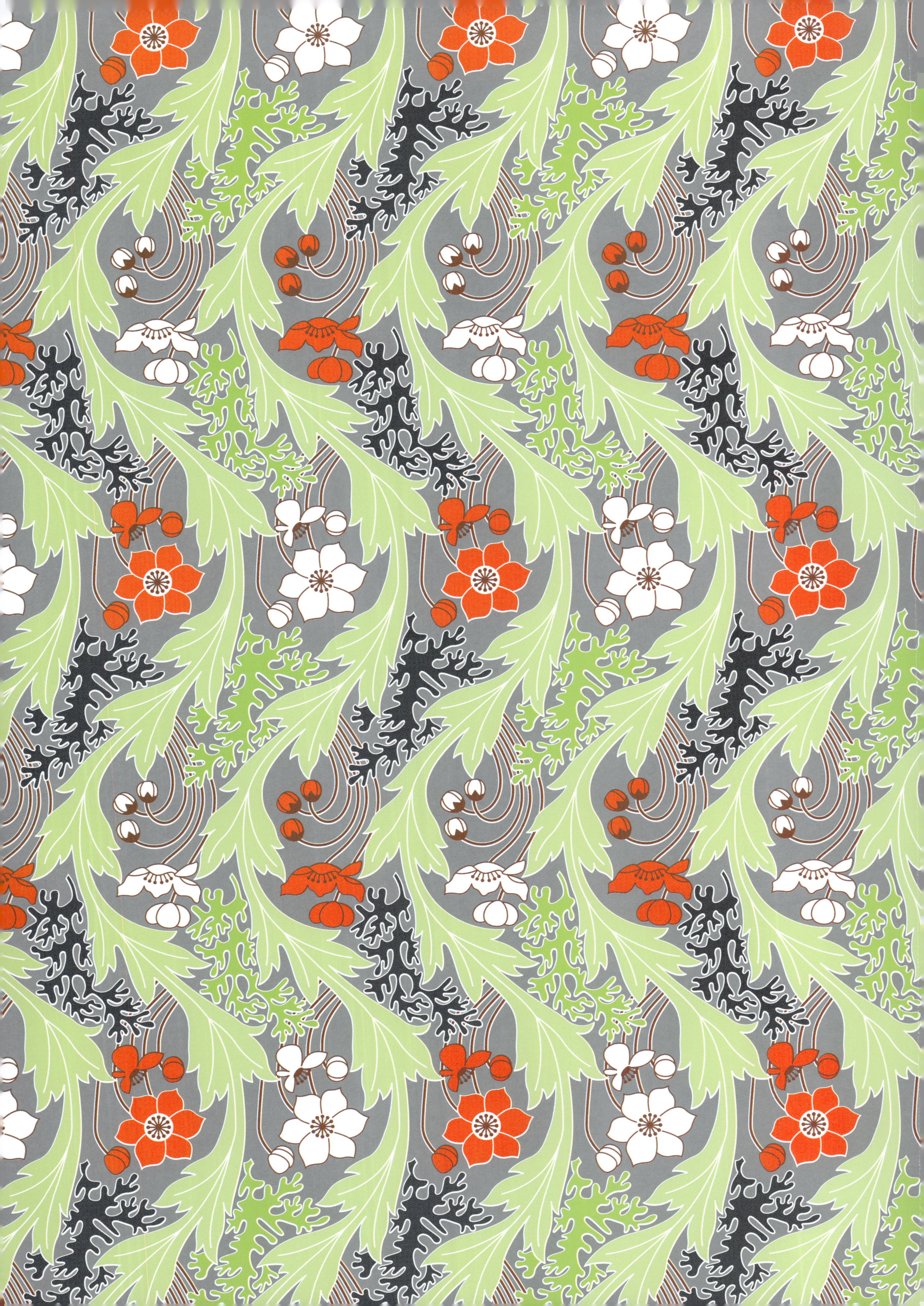

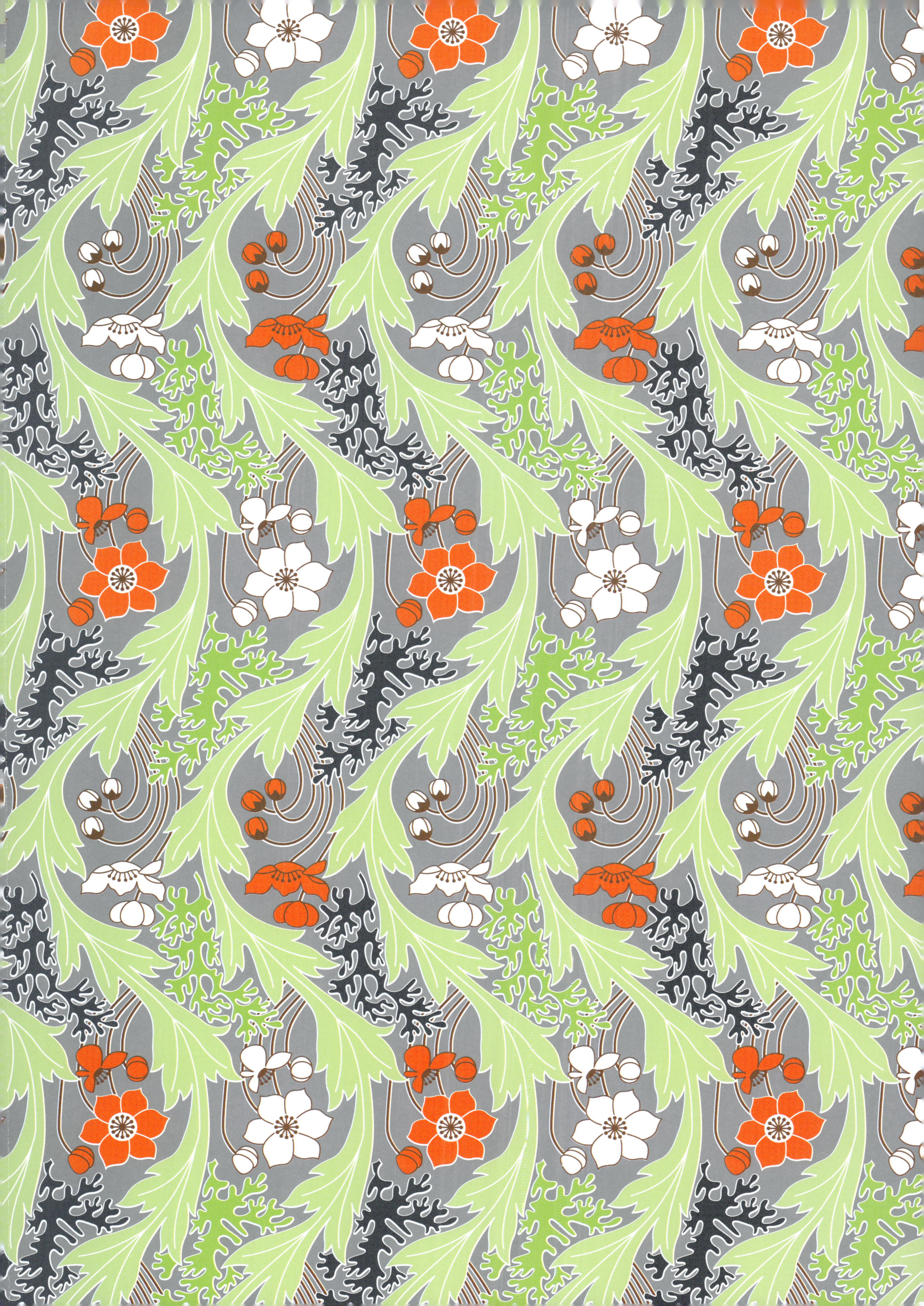

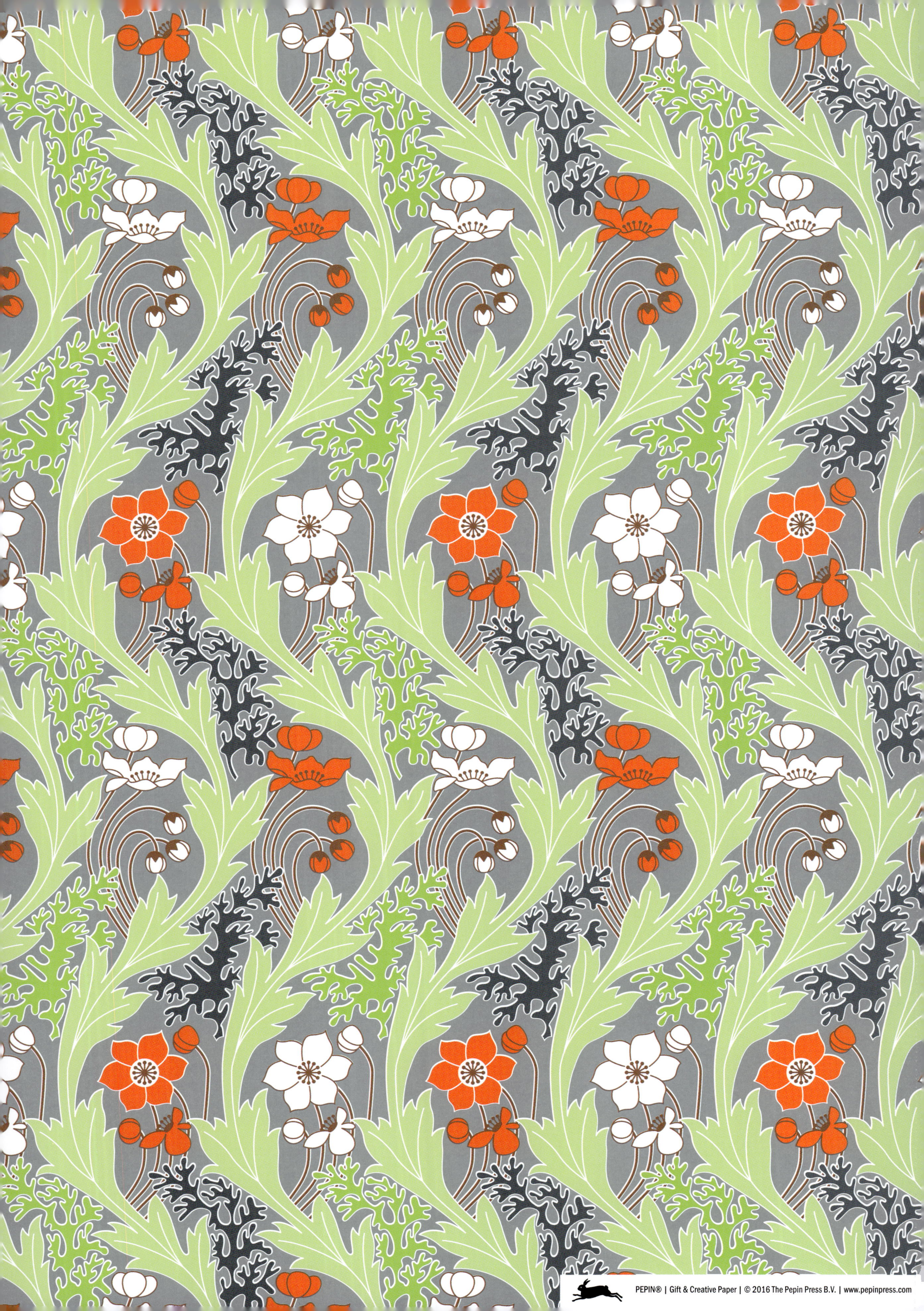

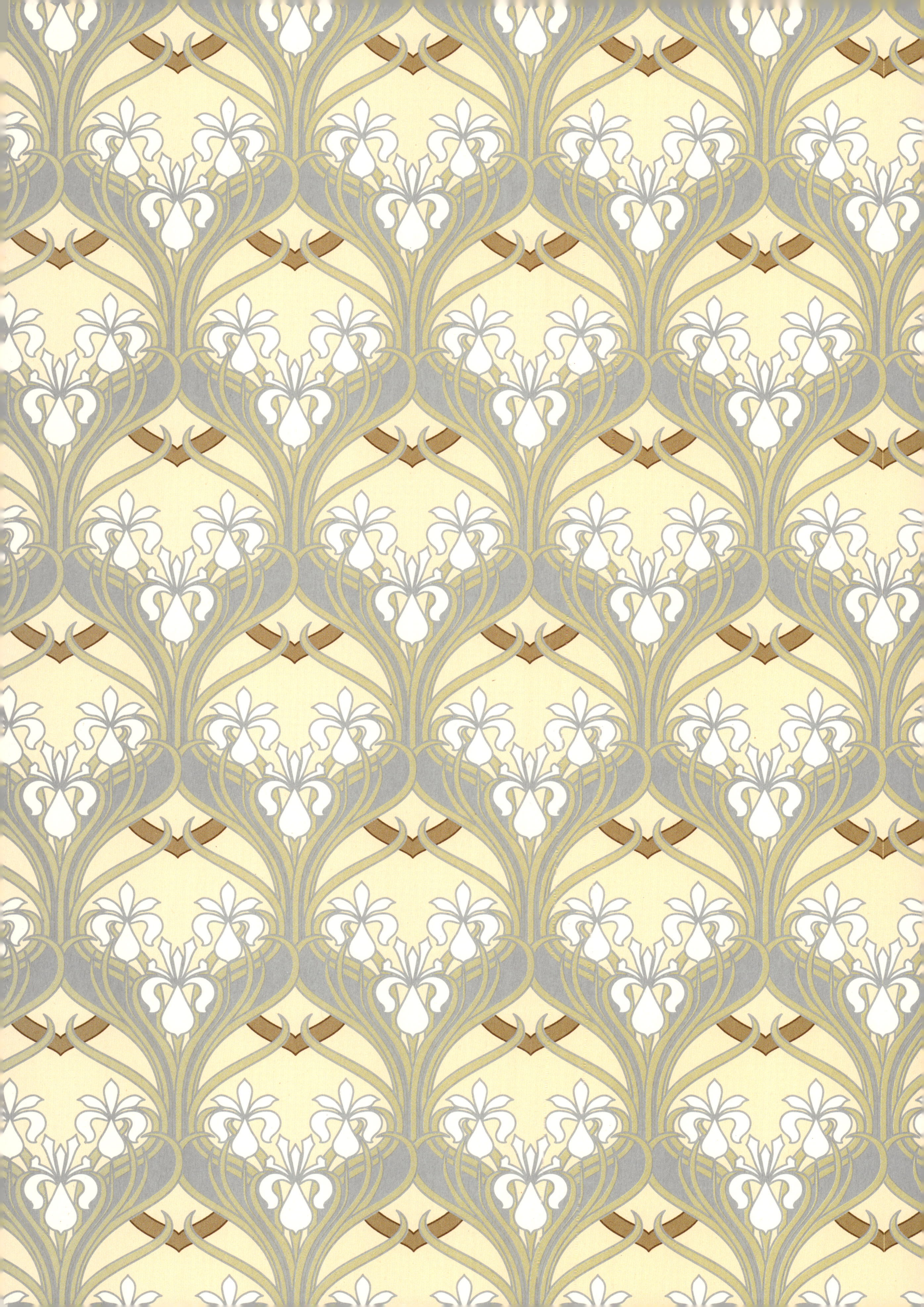

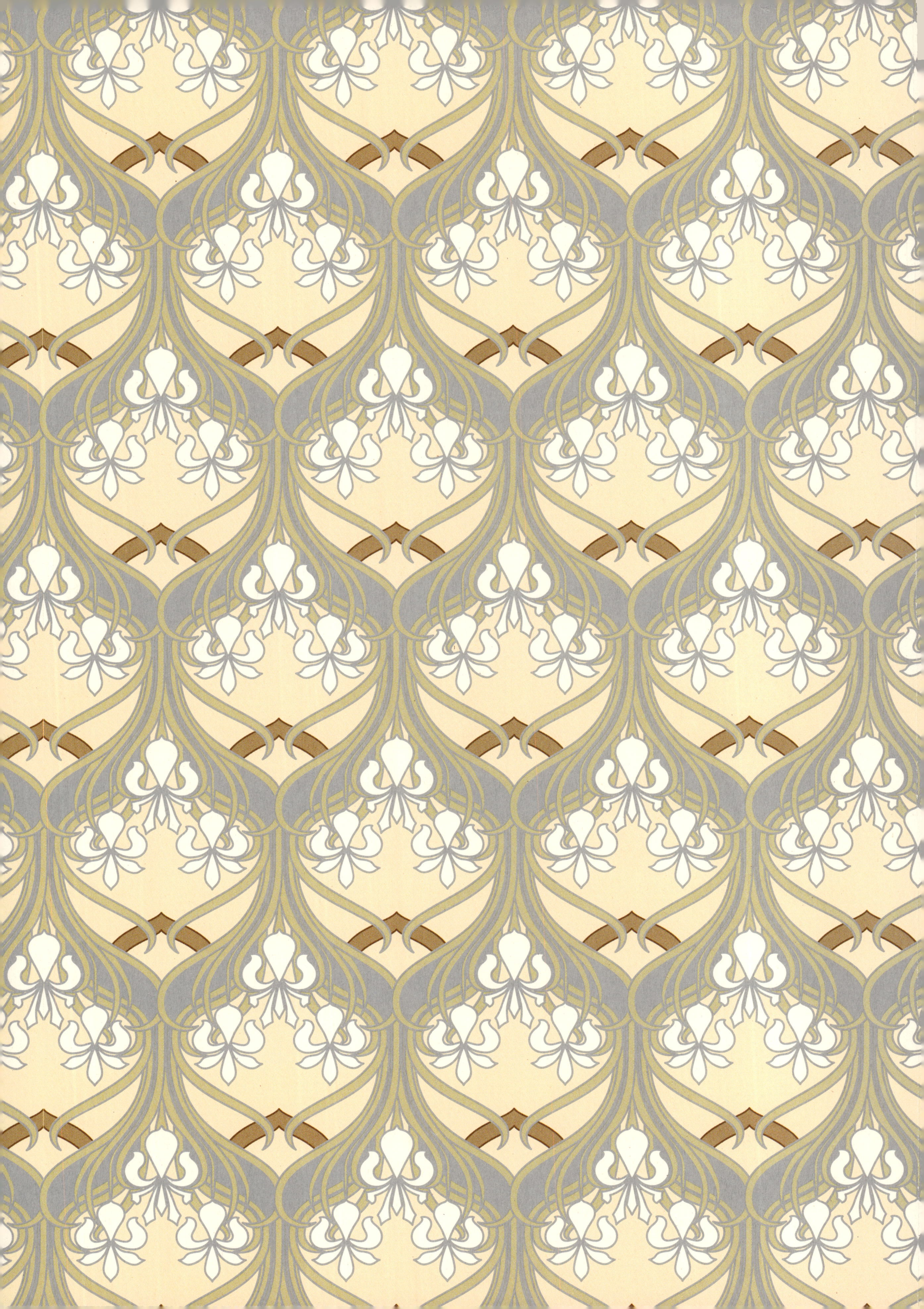

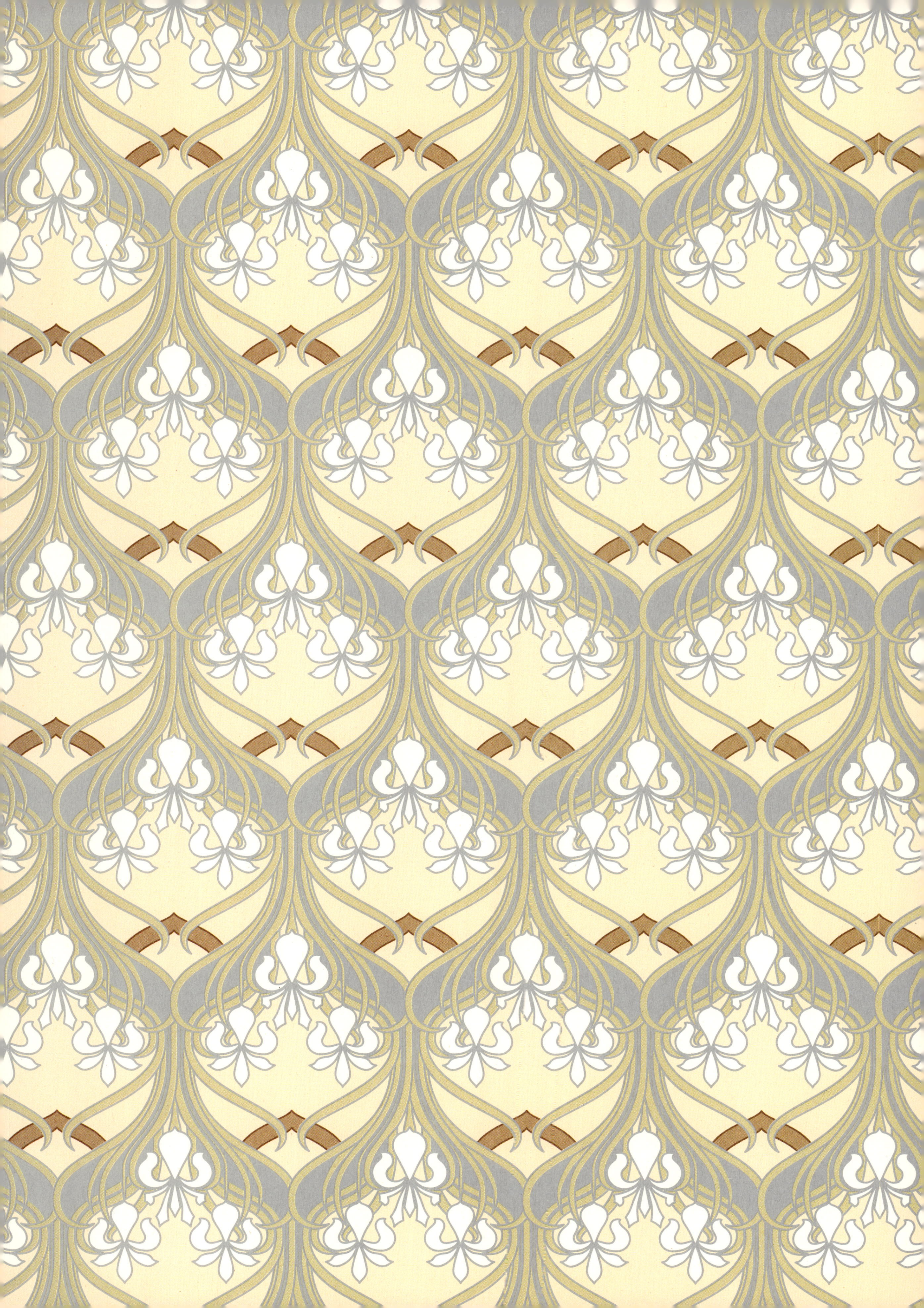

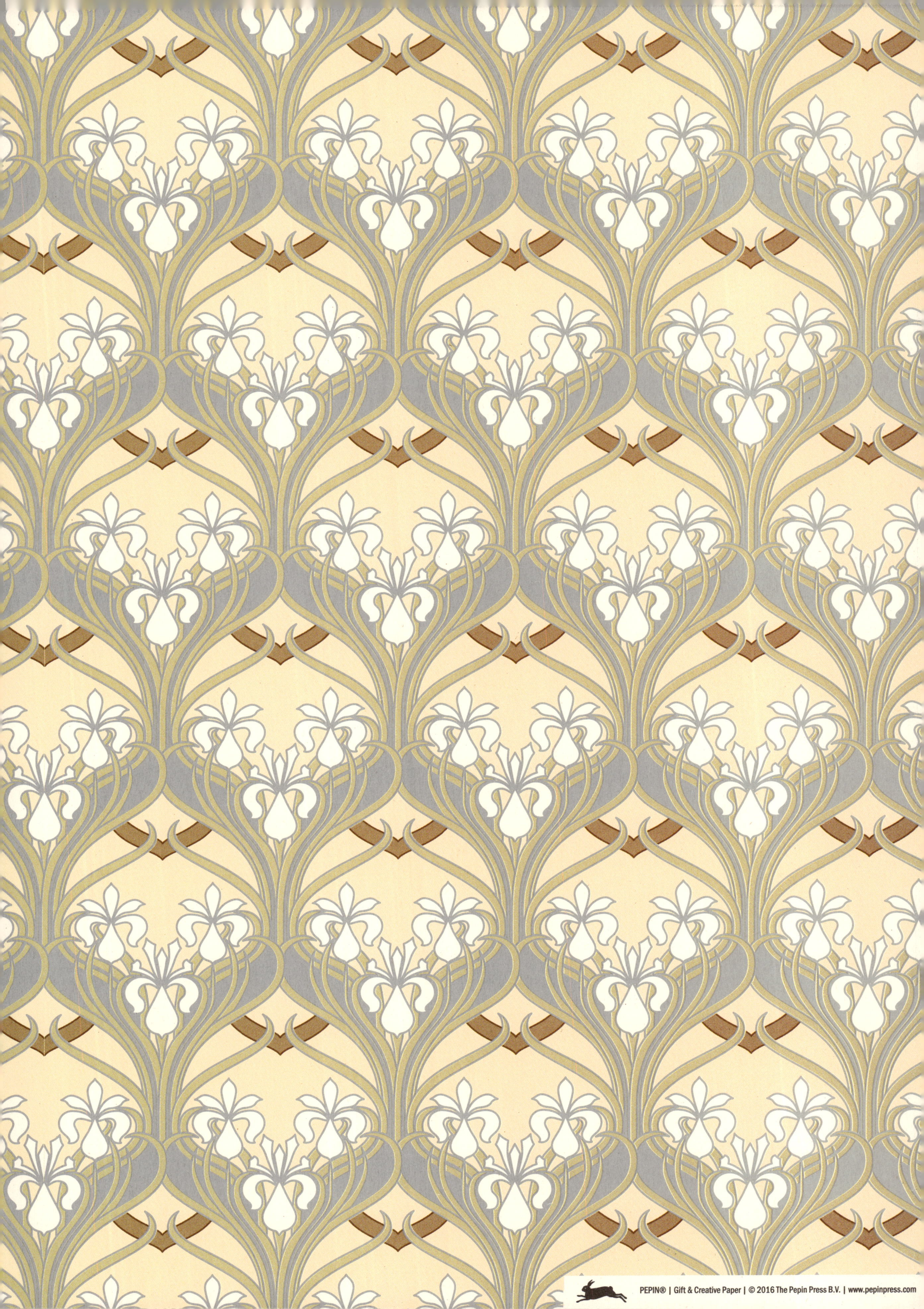

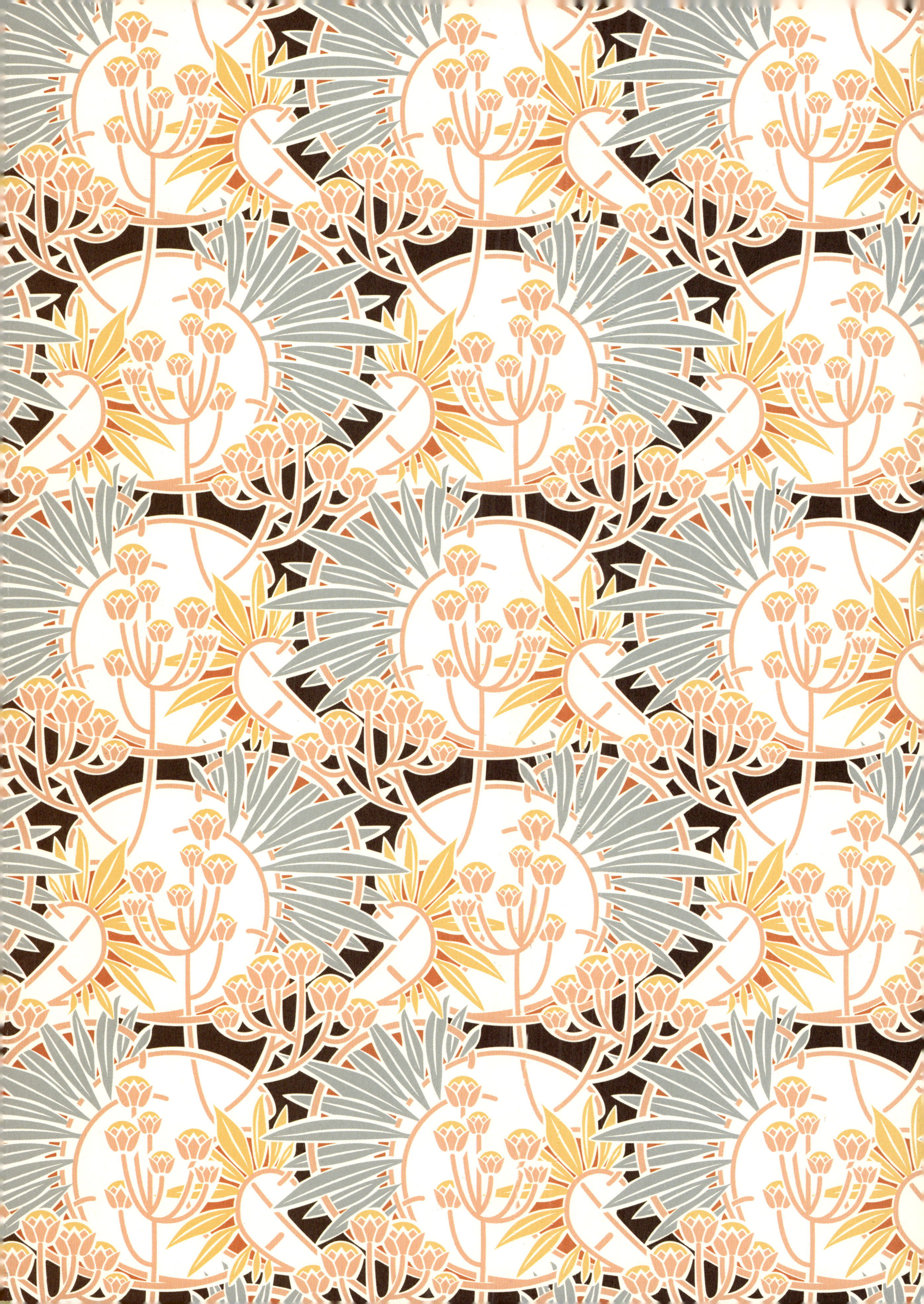

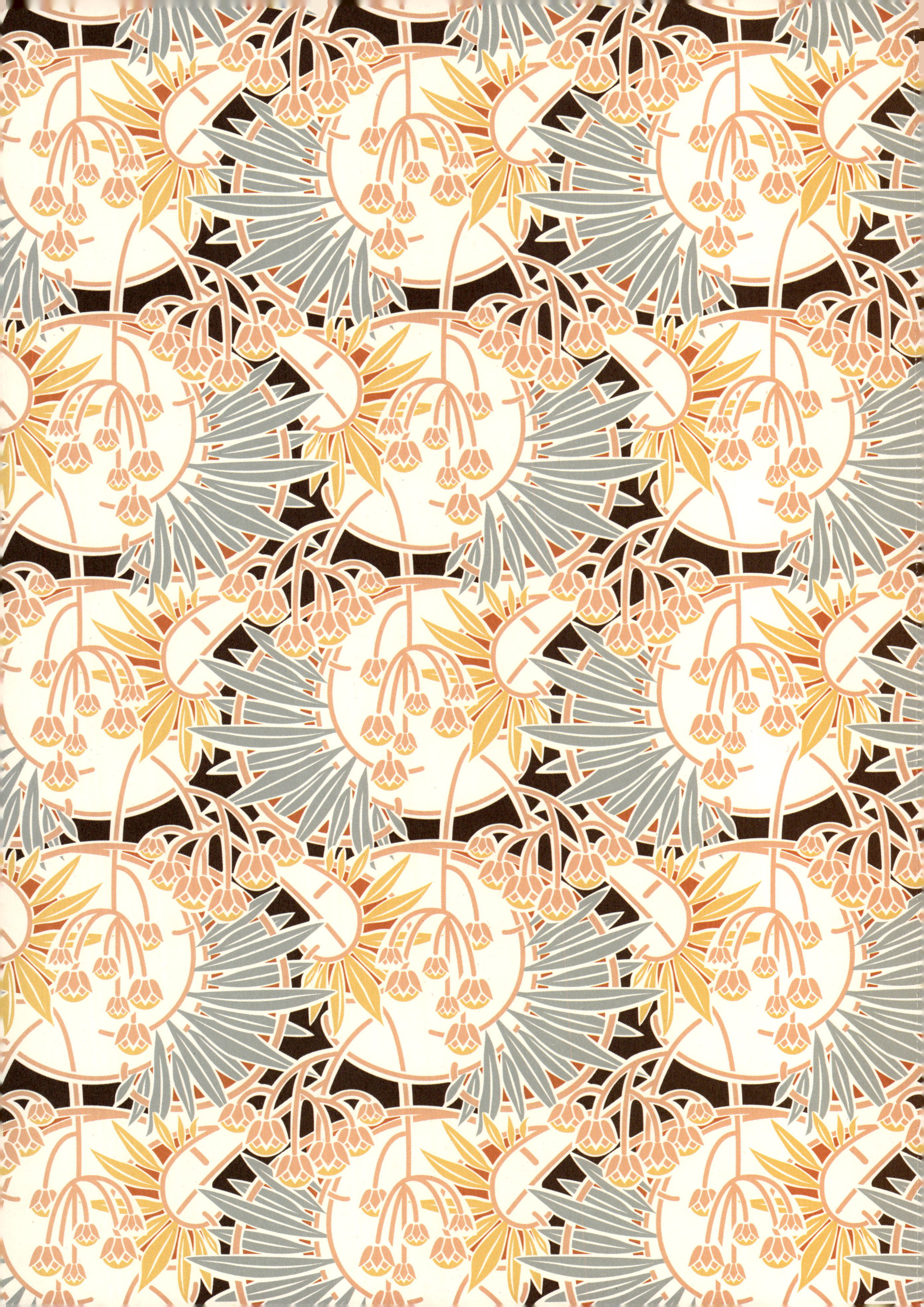

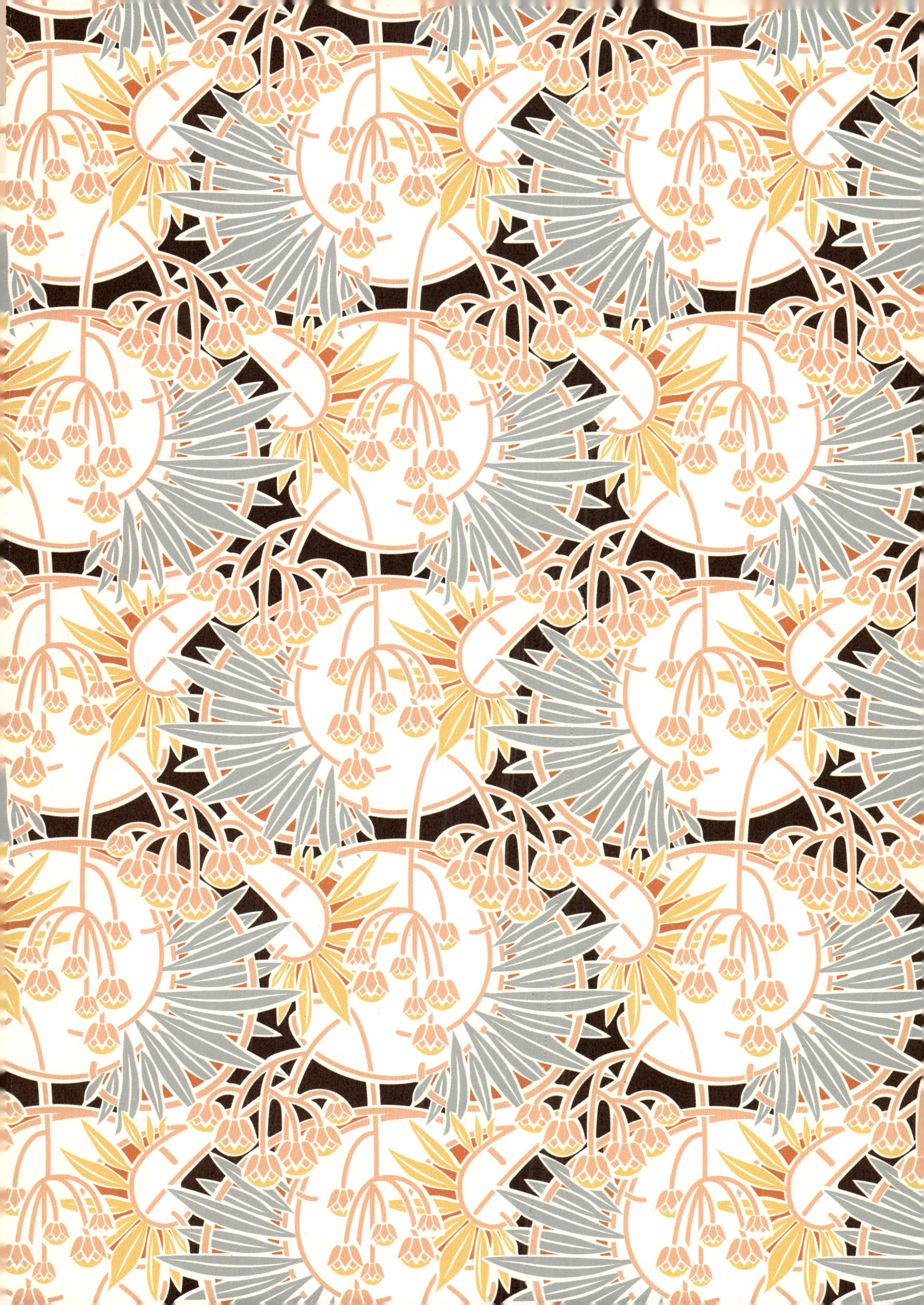

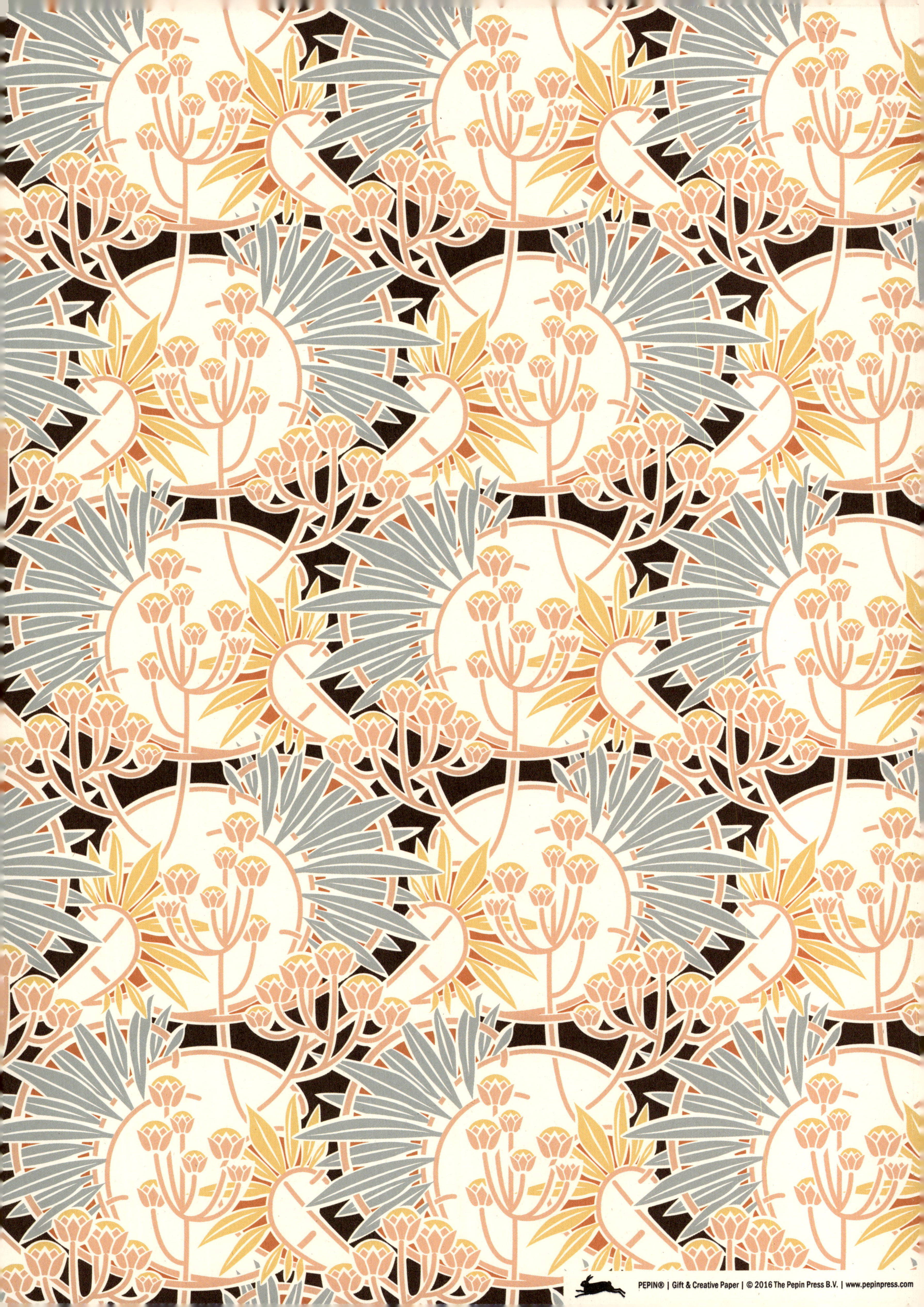

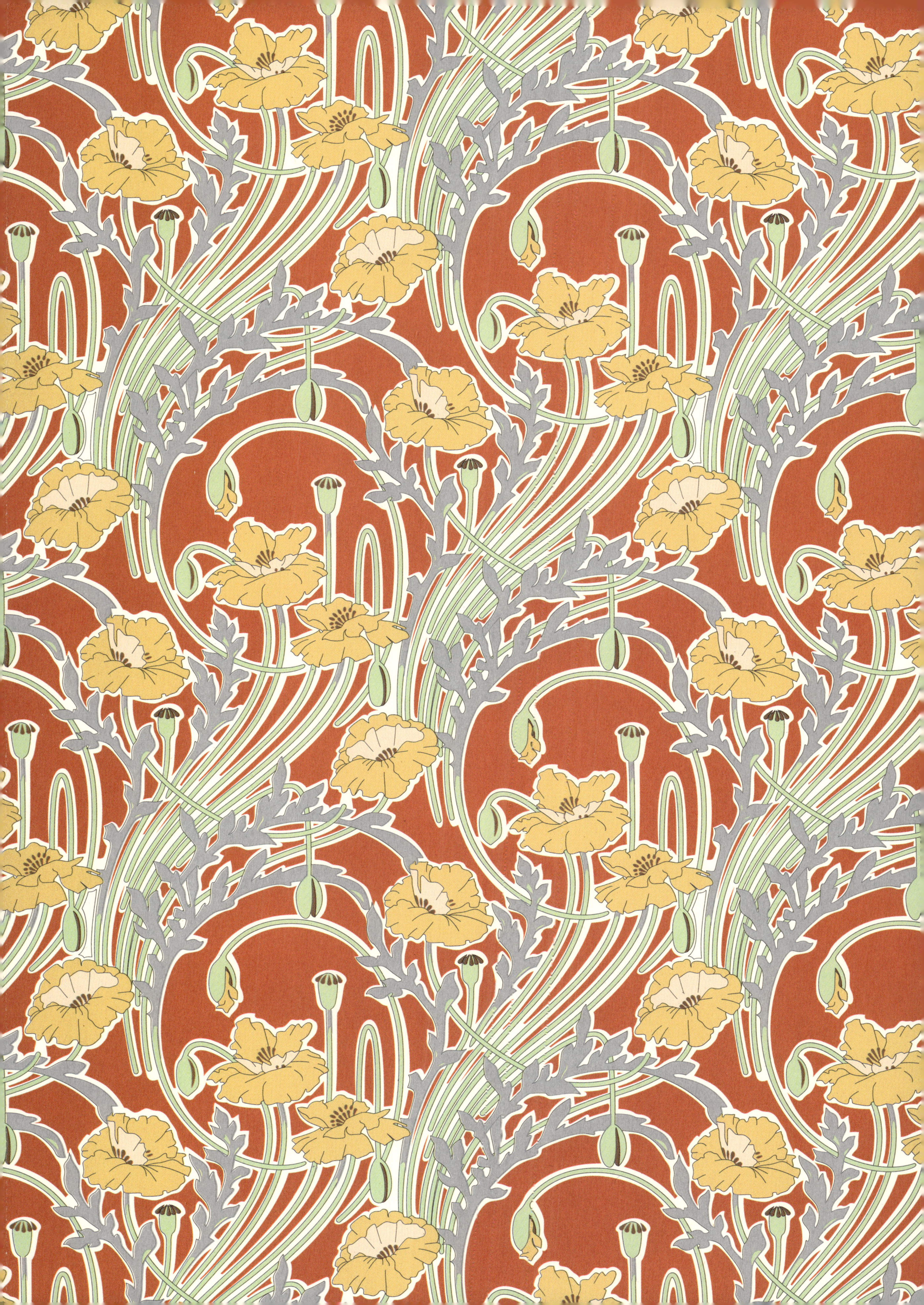

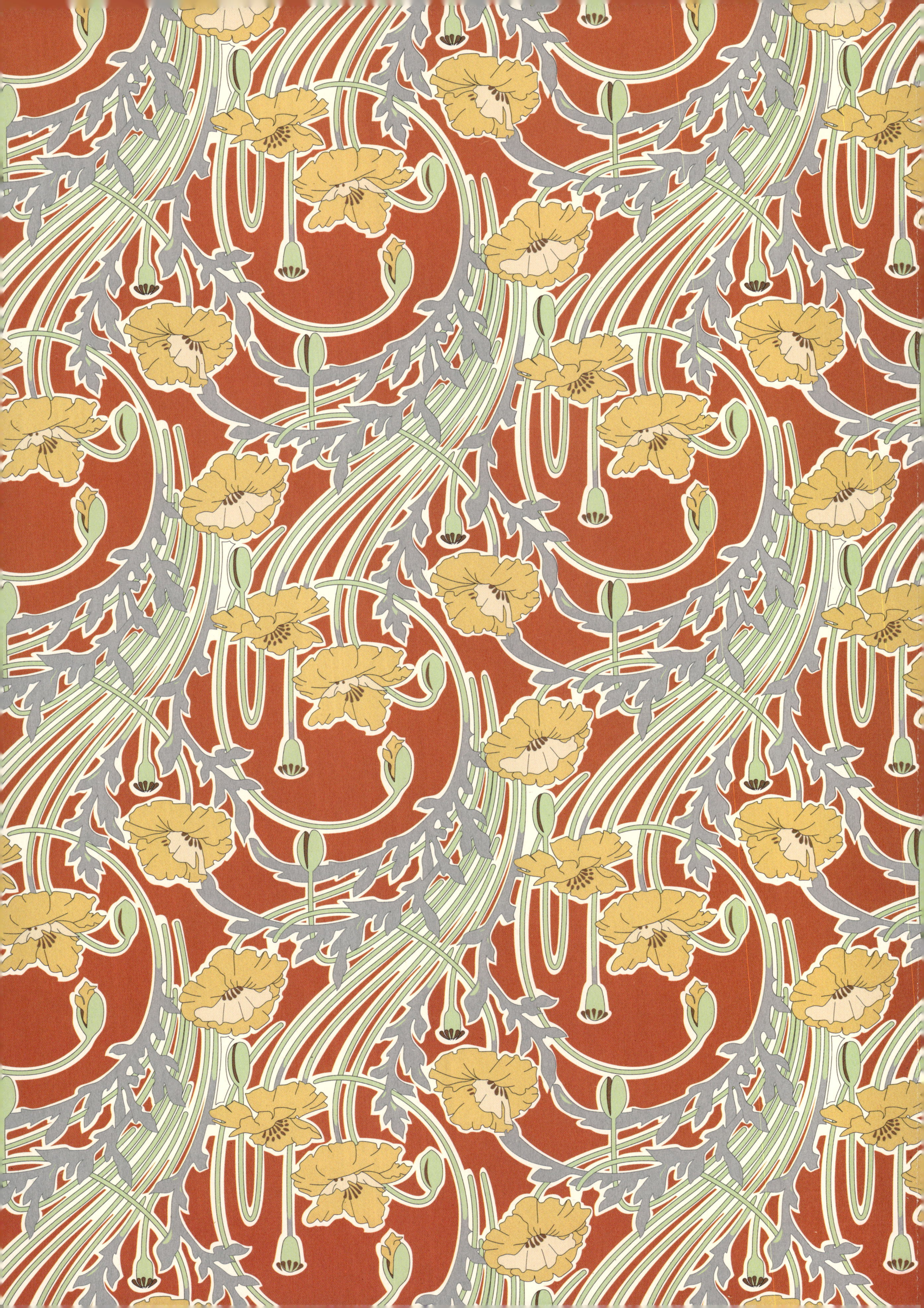

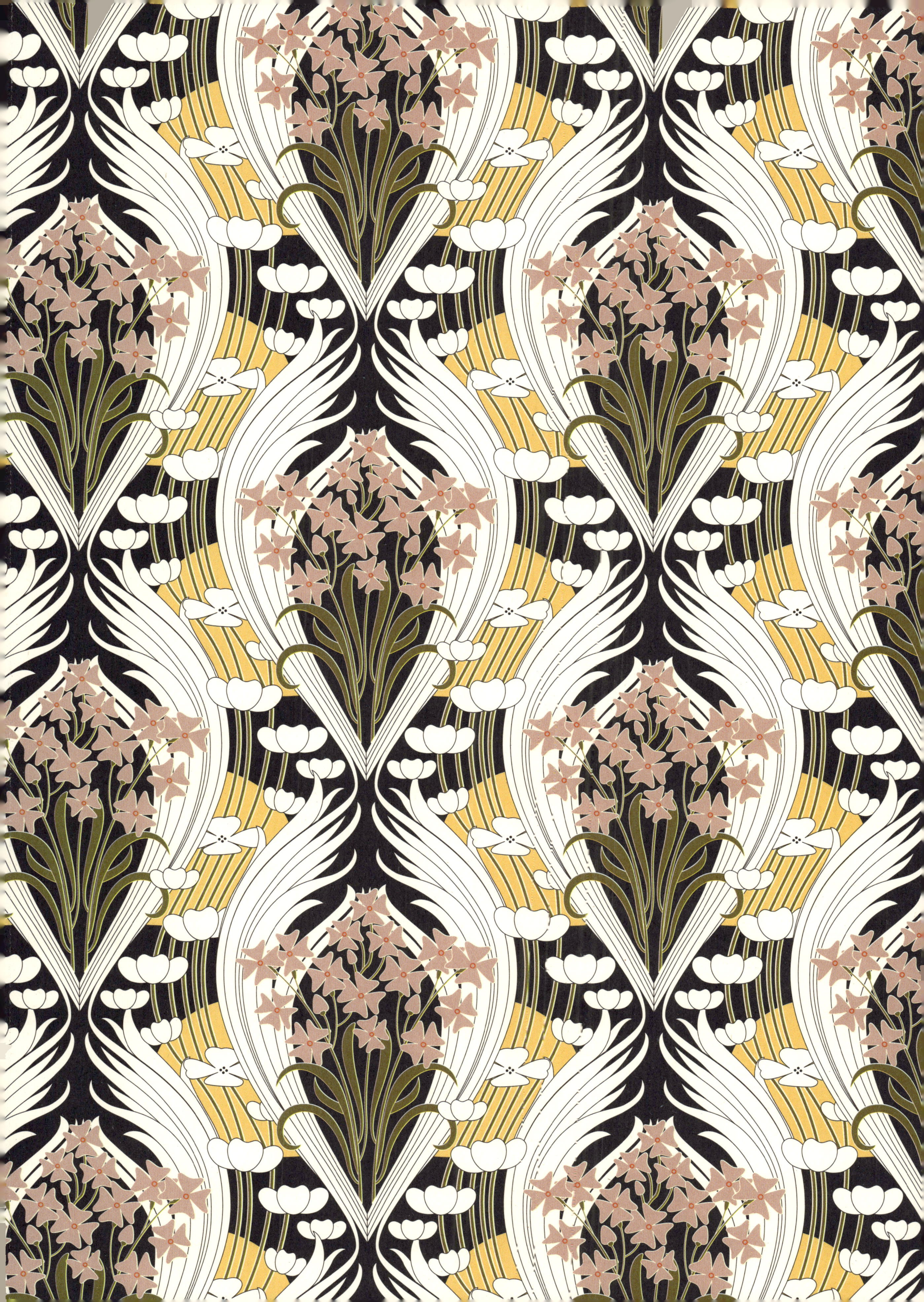

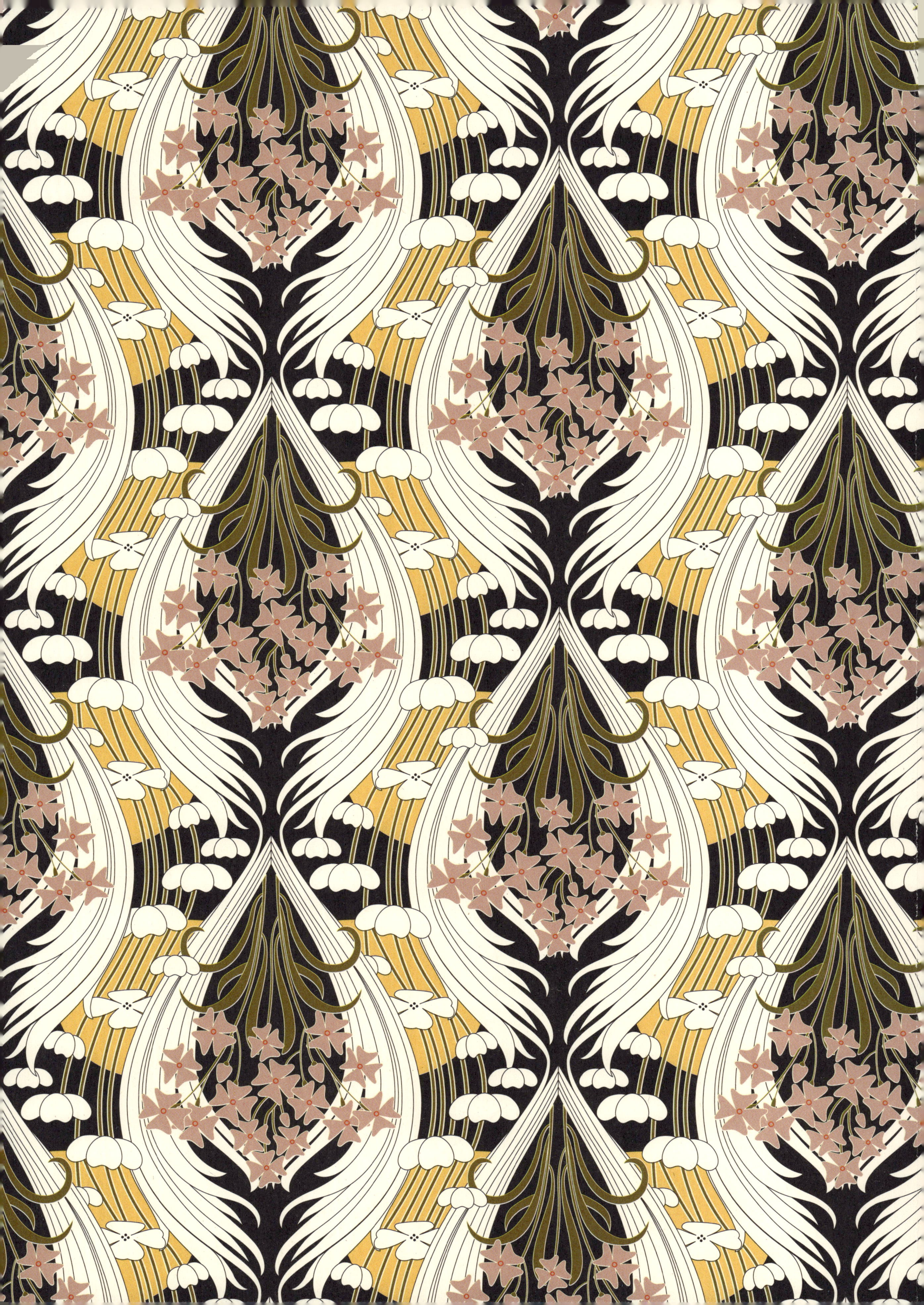

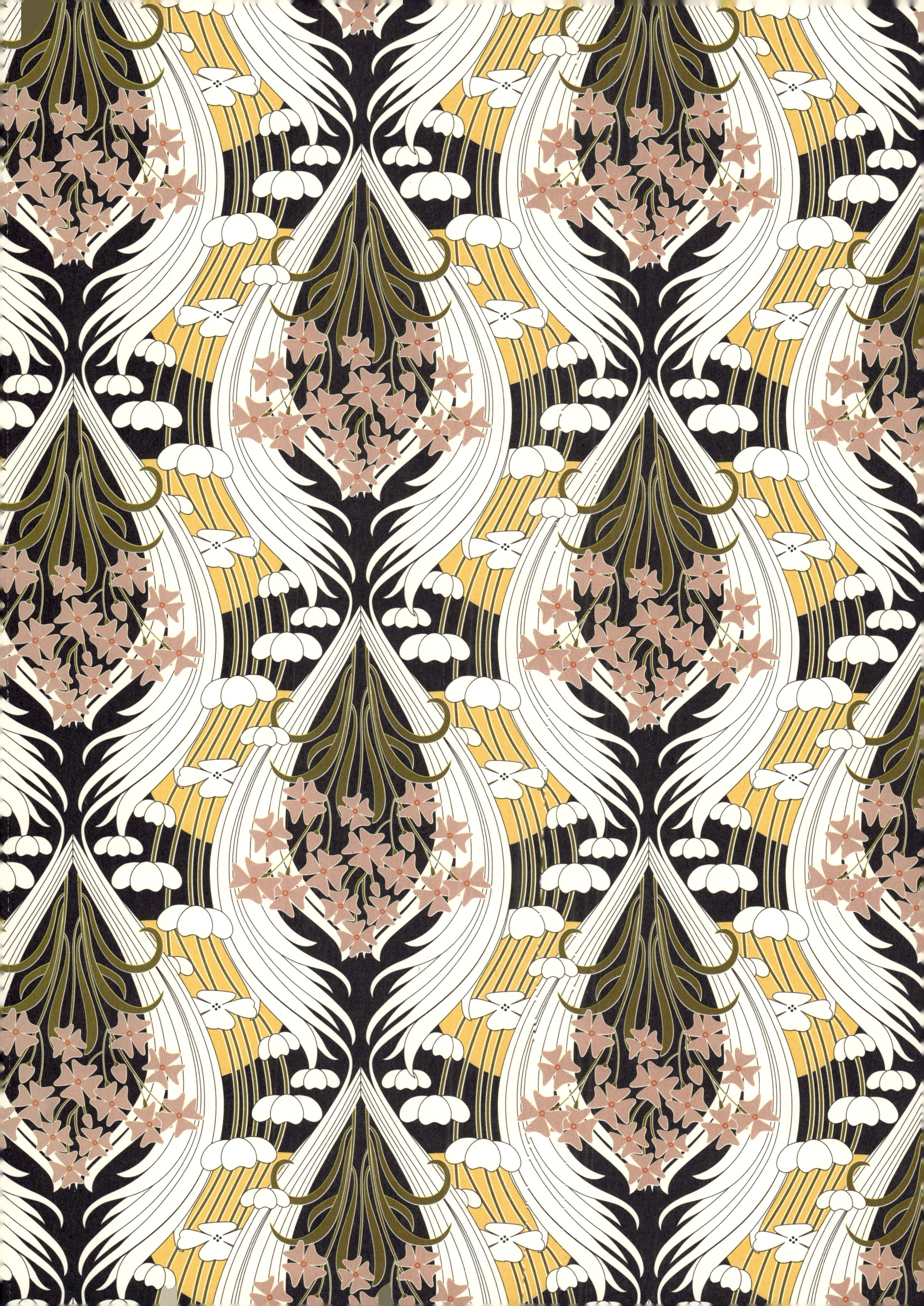

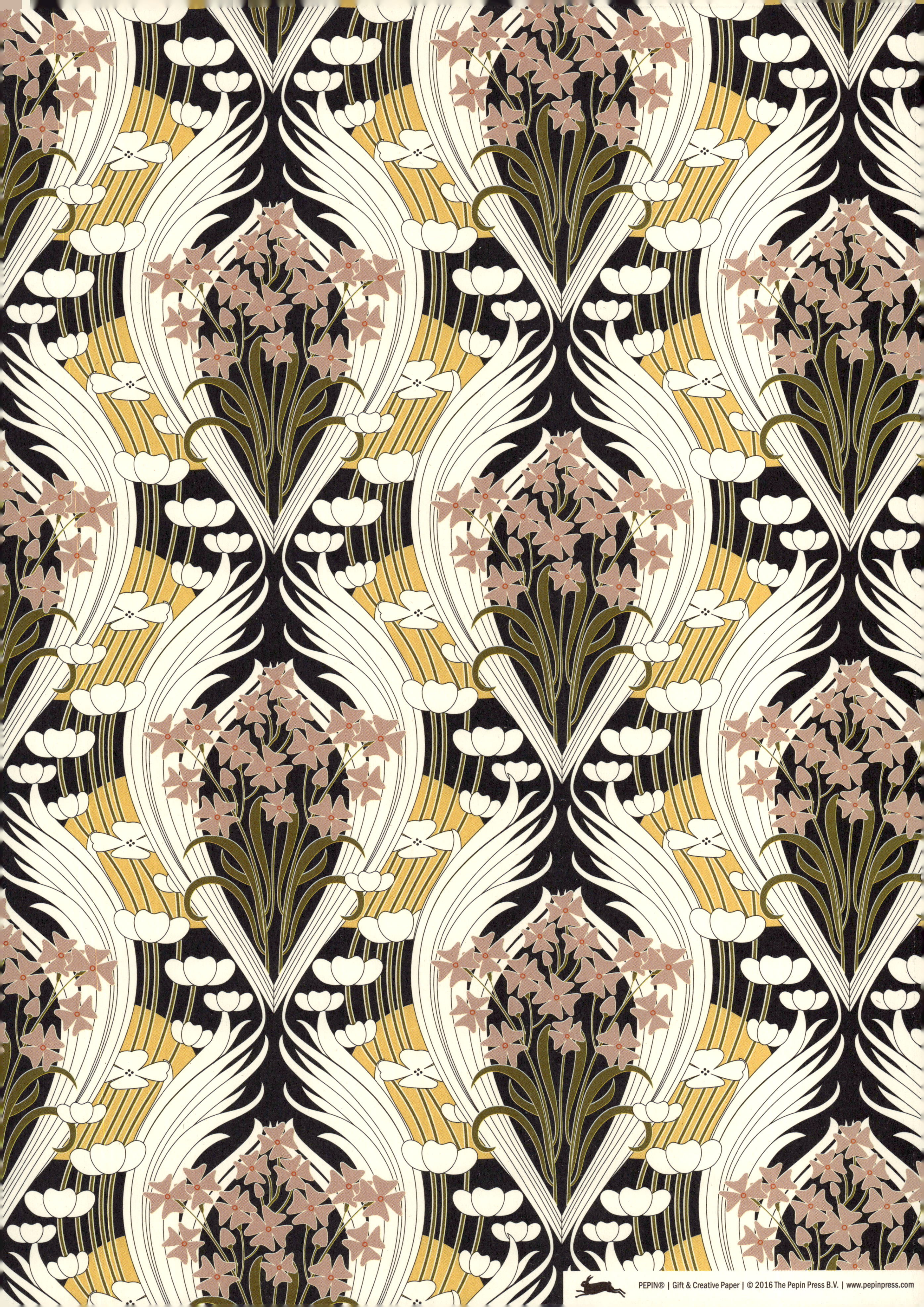

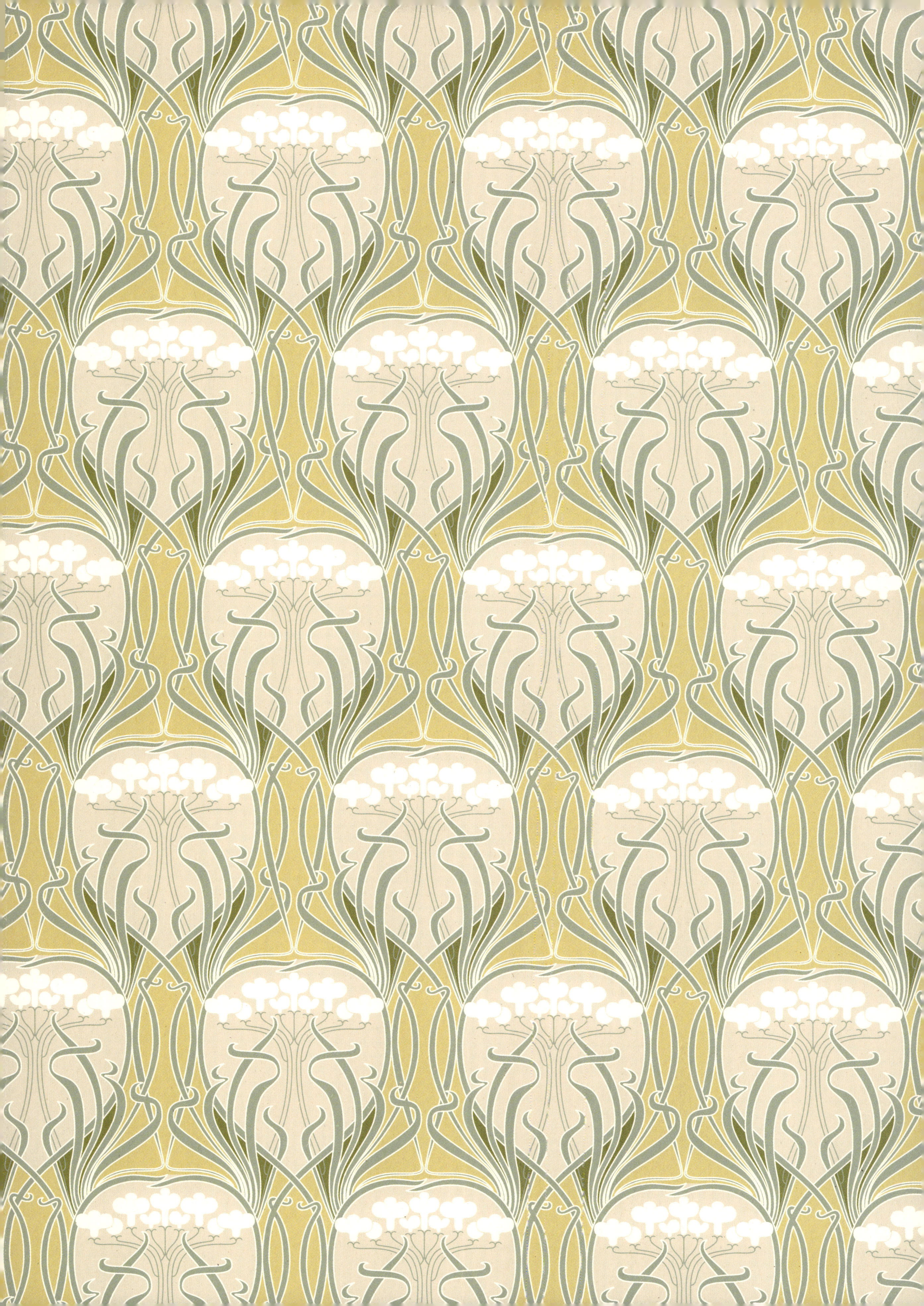

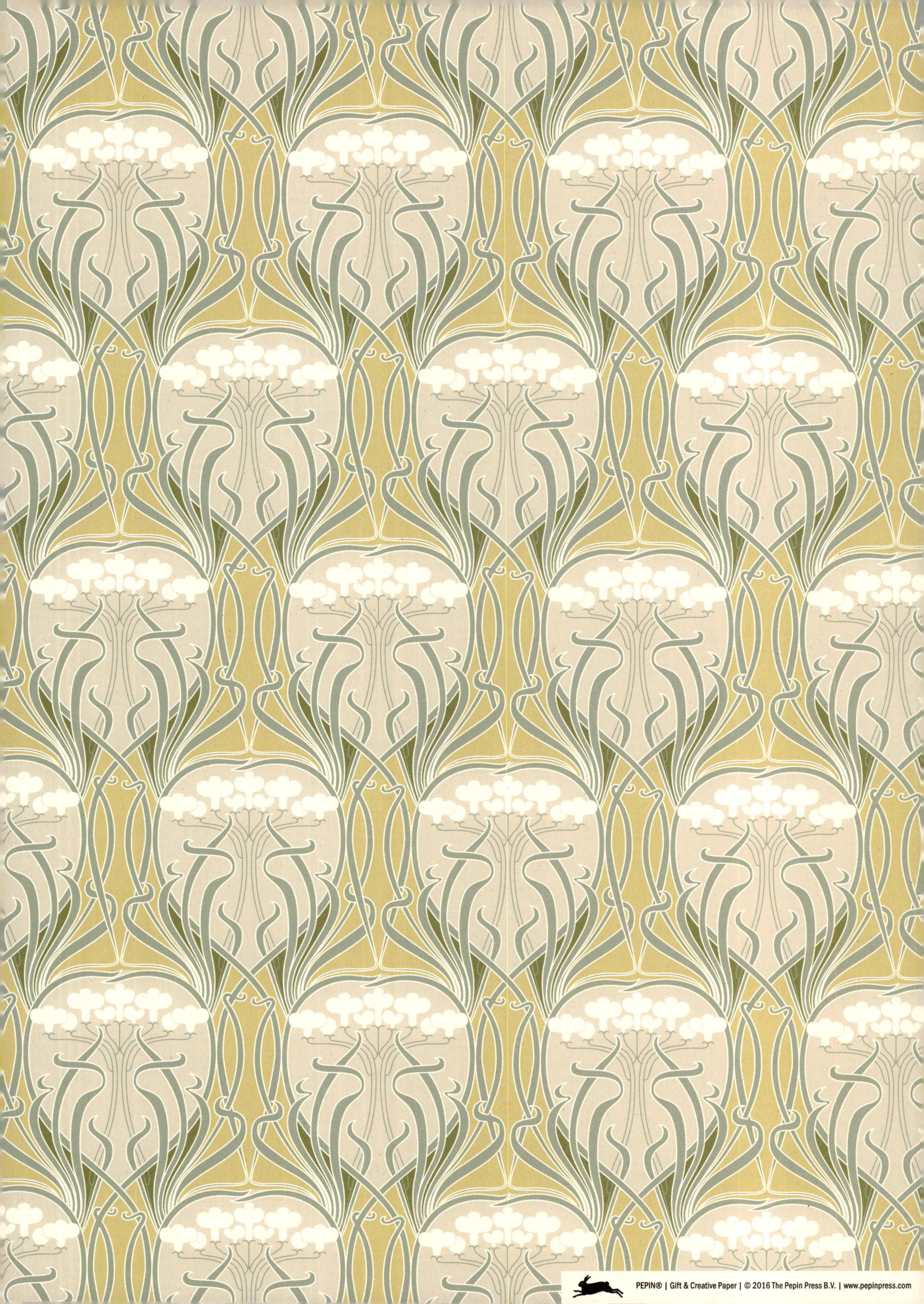

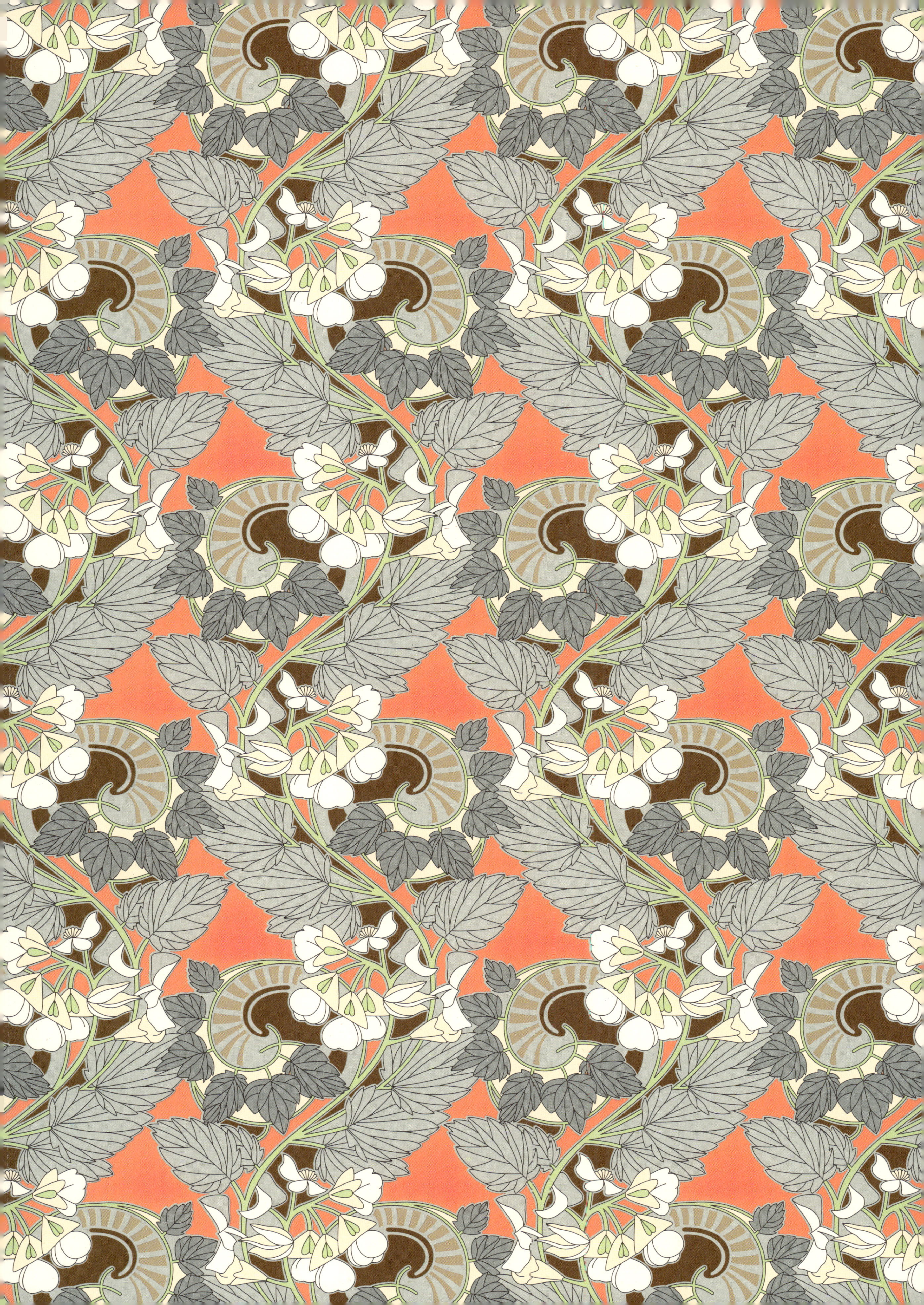

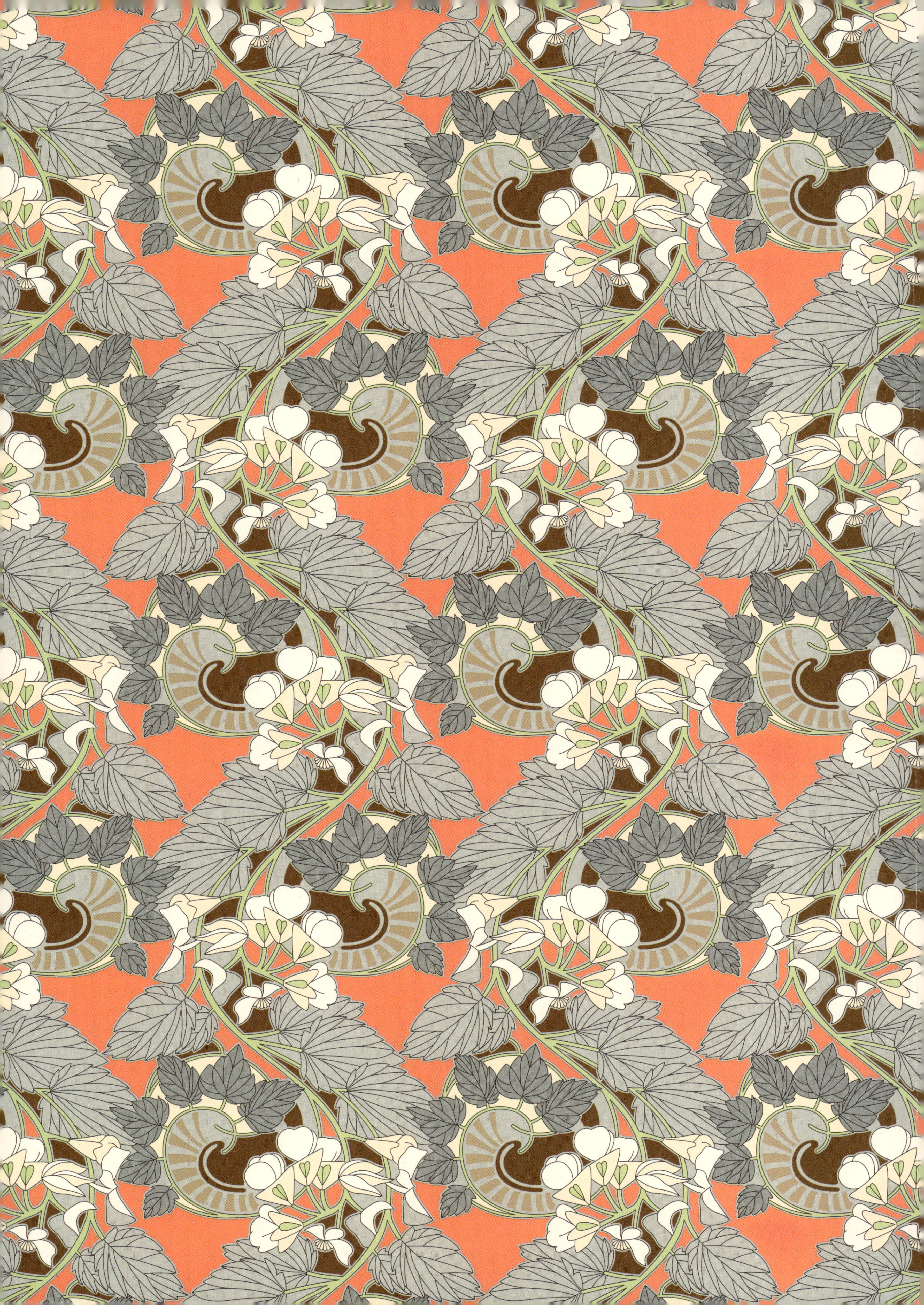

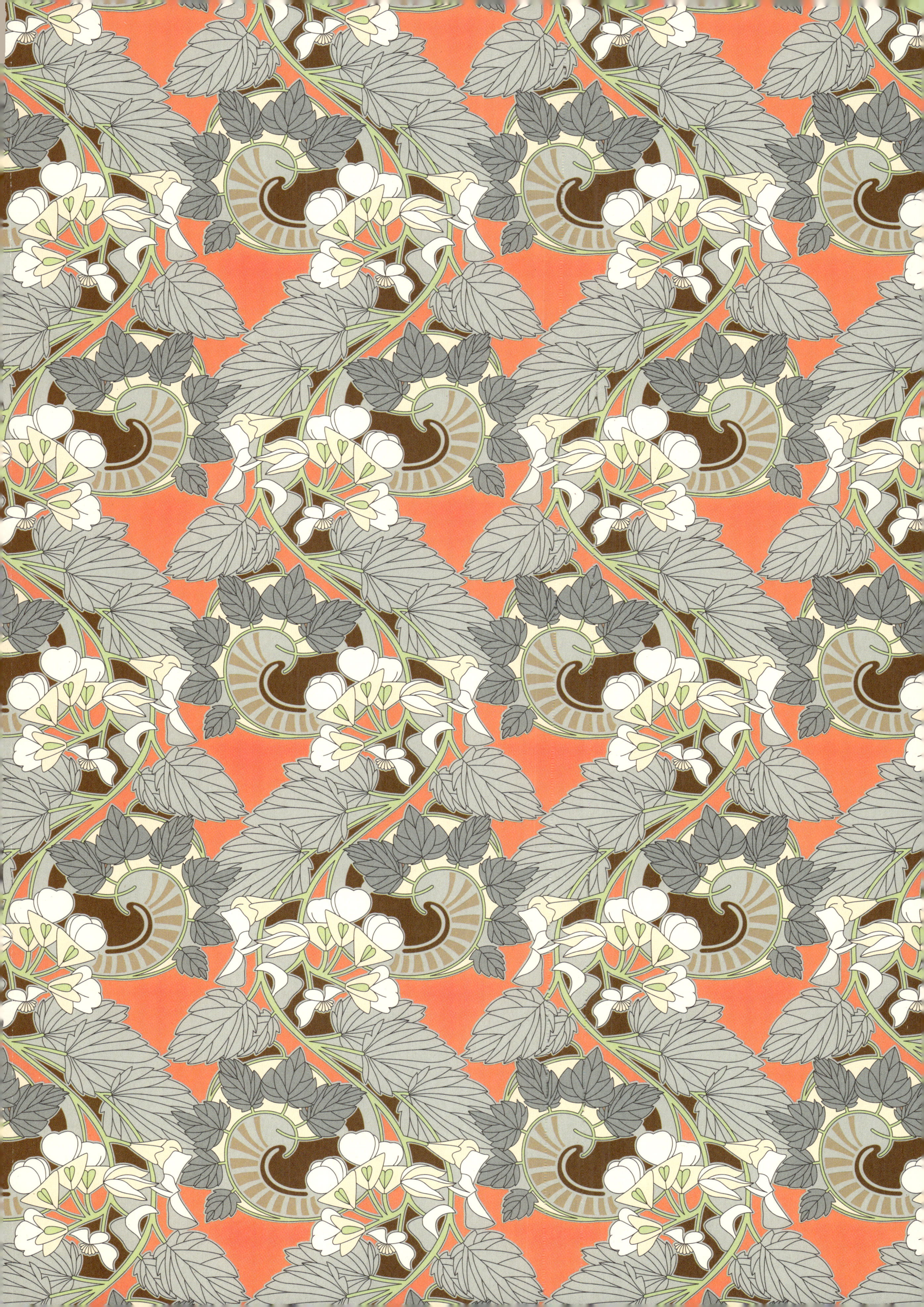

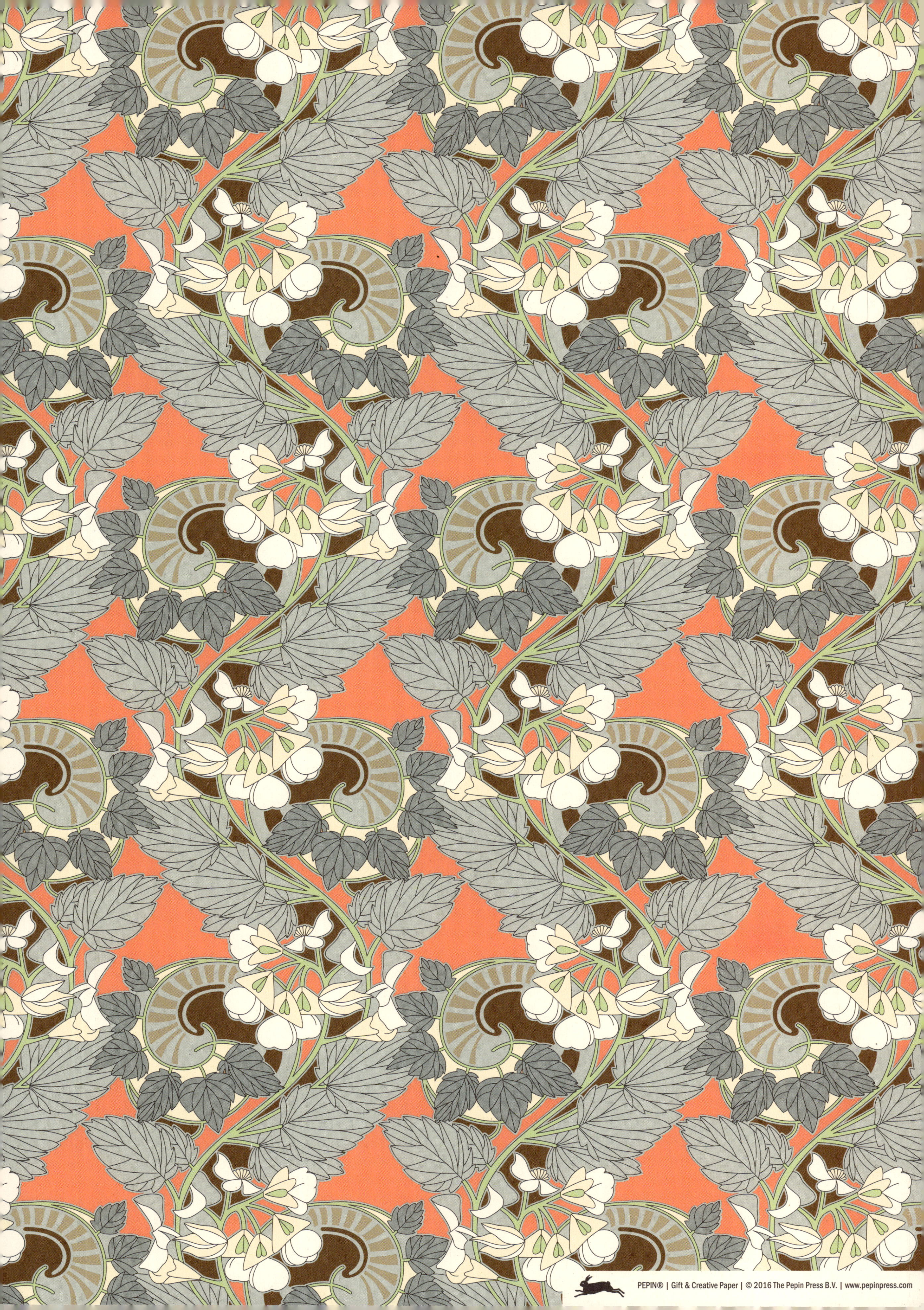